La conjugaison,

apprendre le français

Biet Matthéo

Copyright © 2022 by Biet Matthéo
All rights reserved, including the right to reproduce this book or portions thereof
in any form
whatsoever

Copyright © 2022, Biet Matthéo
Tous droits réservés. Toute reproduction même partielle du contenu, de la couverture ou des icônes, par quelque procédé que ce soit (électronique, photocopie, bandes magnétiques ou autre) est interdite sans les autorisations de Biet Matthéo.
Le Code de la propriété intellectuelle interdit les copies ou reproductions destinées à une utilisation collective. Toute représentation ou reproduction intégrale ou partielle faite par quelque procédé que ce soit, sans le consentement de l'Auteur ou de ses ayants cause est illicite et constitue une contrefaçon sanctionnée par les articles L335-2 et suivants du Code de la propriété intellectuelle.

Sommaire :

Livre 1, les fautes de conjugaison

Introduction :

Comment utiliser ce livre ?

Cours synthétique sur les modaux et les verbes

Exercices

Modal 1 : l'indicatif

I Les temps simples	7 à 55
1.1 le présent simple	5
1.2 le futur simple	12
1.3 le passé simple	20
1.4 l'imparfait	29
1.5 imparfait et passé simple	34 à 53
II Les temps composés	59 à 80
2.1 Le passé composé	59
2.2 Le futur antérieur	64
2.3 Le passé antérieur	69
2.4 Le plus-que-parfait	74

Modal 2 : le participe 54 à 58

1.1 le présent

1.2 le passé

Modal 3 : le conditionnel 78 à 87

1.1 le présent 78

1.2 le passé 88

Modal 4 : le subjonctif 92 à 111

1.1 le présent 92

1.2 le passé 97

1.3 l'imparfait 103

1.4 le plus-que-parfait 111

Modal 5 : l'impératif 112 à122

1.1 présent 112

1.2 passé (parfois non utilisé) 122

Conclusion, livres à venir 125

Introduction :

Comment utiliser ce livre ?

Vous avez à votre disposition, des cours sur chaque temps et mode de la langue française. Les exercices se composent de deux étapes : une récitation du cours à l'aide de question et des exercices d'application où je vous demande de bien vouloir conjuguer des verbes. Parfois il s'agira de trouver l'erreur ou de vrai/faux. Aussi, vous aurez un exercice sur la valeur des temps, c'est-à-dire un exercice où je vous demande de choisir d'utiliser le passé simple plutôt que l'imparfait. Bien sûr les exercices sont corrigés. C'est ce que l'on appelle la valeur des temps. Certains passages sont extraits du roman *la Princesse de Clèves* de Madame de La Fayette et de *l'art de la guerre* de Sun Tzu. Cela sera l'objet d'un prochain livre. Bonne lecture.

Avant toute chose laissez-moi vous faire un cours synthétique sur la conjugaison.

En français, on utilise des modes. Il y en a 7. Ces modes comptent des temps. Vous pouvez voir les différents modes et temps dans la table des matières.

Nous verrons comment et quand les utiliser à bon escient. Nous avons 4 modes personnels qui se conjuguent : l'indicatif, le conditionnel, le subjonctif, et l'impératif.

Ainsi que 3 modes impersonnels qui ne se conjugue pas, comme ça il n'y a pas de difficultés : le gérondif, le participe, et l'infinitif.

Apprenez parfaitement la conjugaison des verbes être et avoir au présent simple, au futur, au passé simple, et à l'imparfait, sinon les temps composés seront difficiles à apprendre.

Partie I, les temps simples de l'indicatif

Partie 1.1) Le présent simple de l'indicatif,

partie cours

Verbe du premier groupe (er)	Verbe du second groupe (ir)	Verbe du troisième groupe
e	is	s
es	is	s
e	it	t
ons	issons	ons
ez	issez	ez
ent	issent	ent

Exemple :

-chanter : je chante, tu chantes, il chante, nous chantons, vous chantez, ils chantent

-finir : je finis, tu finis, il finit, nous finissons vous finissez, ils finissent

-sortir : je sors, tu sors, il sort, nous sortons, vous sortez, ils sortent

Mais il y a des exceptions :

Verbes en -dre	Verbes en -aindre, -eindre, -oindre, et -soudre	Pouvoir, valoir, vouloir	Ouvrir et cueillir se conjuguent comme des verbes du premier groupe
ds	s	x	e
ds	s	x	es
d	t	t	e
ons	ons	ons	ons
ez	ez	ez	ez
ent	ent	ent	ent

Exemple :

--prendre : je prends, tu prends, il prend, nous prenons, vous prenez, ils prennent

Voici comment on conjugue les verbes avoir et être au présent simple, ce sera très important lorsqu'on verra le passé composé, je ne vous en dis pas plus : (regardez en page 67).

être	avoir
je suis	j'ai
tu es	tu as
il est	il a
nous sommes	nous avons
vous êtes	vous avez
ils sont	ils ont

Le présent simple

Partie exercice

1) Quelles sont les terminaisons des verbes du premier groupe du présent de l'indicatif ?

2) Quelles sont les terminaisons des verbes du second groupe du présent de l'indicatif ?

3) Quelles sont les terminaisons des verbes du troisième groupe du présent de l'indicatif, en règle générale ?

4) Quelles sont les terminaisons du verbe pouvoir au présent de l'indicatif ? + les verbes qui se terminent en -oindre, -eindre, aindre et -soudre ? cueillir ?

Analyse d'erreur sans texte :

Je chantes --> Je chante, (voir le cours)

Homonymes : on et ont :

Des homonymes sont deux mots qui ont le même son mais qui ne s'écrivent pas de la même manière.

on est un pronom impersonnel.

Exemple de pronom impersonnel: Il pleut. Notre promenade est donc annulée. Si vous essayez de remplacer il par un nom, normalement vous n'y arriverez pas. Cela s'explique par le fait que "il" est un pronom qui remplace aucun nom.

Exemple de formule personnelle : Christophe Colomb croit atteindre les Indes en 1492. Sans le savoir, il vient de découvrir le continent américain. Ici le pronom "il" remplace Christophe Colomb, dans le but d'éviter une répétition.

ont est un verbe, plus précisément le verbe avoir conjugué à la 3ème personne du pluriel au présent de l'indicatif.

Les enfants ont des parents. changement de personne --> L'enfant a des parents.

trouve l'erreur : fautes d'accord et homonyme

-C'est le domaine de la vie et de la mort : la conservation ou la perte de l'empire en dépende ; il est impérieux de le bien régler.

-Ne pas faire de sérieuses réflexions sur ce qui le concerne, c'est faire preuve d'une coupable indifférence pour la conservation ou pour la perte de ce qu'on a de plus cher, et c'est ce qu'on ne doit pas trouver parmi nous.

-Cinq choses principales doivent faire l'objet de nos continuelles méditations et de tous nos soins, comme le font ces grands artistes qui, lorsqu'ils entreprennent quelque chef-d'œuvre, on toujours présent à l'esprit le but qu'ils se proposent, mettent à profit tout ce qu'ils voient, tout ce qu'ils entendent, ne négligent rien pour acquérir de nouvelles connaissances et tous les secours qui peuvent les conduire heureusement à leur fin.

-La doctrine fait naître l'unité de penser ; elle nous inspire une même manière de vivre et de mourir, et nous rend intrépides et inébranlables dans les malheurs et dans la mort.

-Tout cela ensemble forme un corps de discipline dont la connaissance pratique ne dois point échapper à la sagacité ni aux attentions d'un général. Début de l'article 2 de l'art de la guerre :

-Sun Tzu dis : Je suppose que vous commencez la campagne avec une armée de cent mille hommes, que vous êtes suffisamment pourvu des munitions de guerre et de bouche, que vous avez deux mille chariots, dont mille sont pour la course, et les autres uniquement pour le transport ; que jusqu'à cent lieues de vous, il y aura partout des vivres pour l'entretien de votre armée ; que vous faites

Transporter avec soin tout ce qui peux servir au raccommodage des armes et des chariots ; que les artisans et les autres qui ne sont pas du corps des soldats vous ont déjà précédé ou marchent séparément à votre suite ; que toutes les choses qui servent pour des usages étrangers, comme celles qui sont purement pour la guerre, sont toujours à couvert des injures de l'air et à l'abri des accidents fâcheux qui peuvent arriver.

-Je supposes encore que vous avez mille onces d'argent à distribuer aux troupes chaque jour, et que leur solde est toujours payée à temps avec la plus rigoureuse exactitude. Dans ce cas, vous pouvez aller droit à l'ennemi. L'attaquer et le vaincre seront pour vous une même chose.

-Je dit plus : ne différez pas de livrer le combat, n'attendez pas que vos armes contractent la rouille, ni que le tranchant de vos épées s'émoussent. La victoire est le principal objectif de la guerre.

Partie corrigée, présent simple de l'indicatif

Trouve l'erreur : fautes d'accord et homonyme

-C'est le domaine de la vie et de la mort : la conservation ou la perte de l'empire en dépende ; il est impérieux de le bien régler. Réponse : --> dépendent

-Ne pas faire de sérieuses réflexions sur ce qui le concerne, c'est faire preuve d'une coupable indifférence pour la conservation ou pour la perte de ce qu'on a de plus cher, et c'est ce qu'on ne dois pas trouver parmi nous. Réponse : -->doit car 3ème personne "on"

-Cinq choses principales doivent faire l'objet de nos continuelles méditations et de tous nos soins, comme le font ces grands artistes qui, lorsqu'ils entreprennent quelque chef-d'œuvre, on toujours présent à l'esprit le but qu'ils se proposent, mettent à profit tout ce qu'ils voient, tout ce qu'ils entendent, ne négligent rien pour acquérir de nouvelles connaissances et tous les secours qui peuvent les conduire heureusement à leur fin. Réponse : → ont car verbe avoir à la 3ème personne "ils entreprennent"

-La doctrine fait naître l'unité de penser ; elle nous inspire une même manière de vivre et de mourir, et nous rend intrépides et inébranlables dans les malheurs et dans la mort. Réponse : pas de fautes

-Tout cela ensemble forme un corps de discipline dont la connaissance pratique ne dois point échapper à la sagacité ni aux attentions d'un général. Réponse : →doit car conjugué par "la connaissance pratique" donc 3ème personne

Début de l'article 2 de l'art de faire la guerre :

-Sun Tzu dis: Je supposes que vous commencez la campagne avec une armée de cent mille hommes, que vous êtes suffisamment pourvu des munitions de guerre et de bouche, que vous avez deux mille chariots, dont mille sont pour la course, et les autres uniquement pour le transport; que jusqu'à cent lieues de vous, il y aura partout des vivres pour l'entretien de votre armée; que vous faites transporter avec soin tout ce qui peux servir au raccommodage des armes et des chariots; que les artisans et les autres qui ne sont pas du corps des soldats vous ont déjà précédé ou marchent séparément à votre suite; que toutes les choses qui servent pour des usages étrangers, comme celles qui sont purement pour la guerre, sont toujours à couvert des injures de l'air et à l'abri des accidents fâcheux qui peuvent arriver. Réponse : → dit 3ème personne car conjugué par "Sun Tzu" ; suppose car conjugué à la 1ère personne du singulier "je" ; peut, 3ème personne du singulier car conjugué par "tout ce qui"

-Je supposes encore que vous avez mille onces d'argent à distribuer aux troupes chaque jour, et que leur solde est toujours payée à temps avec la plus rigoureuse exactitude. Dans ce cas, vous pouvez aller droit à l'ennemi. L'attaquer et le vaincre seront pour vous une même chose. Réponse : → suppose conjugué par "je" donc 1ère personne du singulier

-Je dit plus : ne différez pas de livrer le combat, n'attendez pas que vos armes contractent la rouille, ni que le tranchant de vos épées s'émoussent. La victoire est le principal objectif de la guerre.

    Réponses : Dis→ conjugué par "je" donc 1ère personne du singulier

    S'émousse car c'est conjugué par « le tranchant » et non pas par « les épées » le tranchant est un nom au singulier donc le verbe se conjugue à la 3ème personne du singulier.

Partie 1.2) Le futur simple de l'indicatif

Partie cours :

<u>Plan du cours ou synthèse :</u>

I) les terminaisons du futur simple

II) exception avec les verbes qui se terminent en -eler

III) exception avec les verbes qui se terminent en -eter

IV) exception avec les verbes qui se terminent en -yer

Le futur simple exprime un fait ou une action qui se déroulera plus tard, elle n'a pas encore eu lieu au moment où nous nous exprimons.

<u>I) les terminaisons du futur simple</u>

Les terminaisons du futur simple sont les mêmes pour tous les groupes : ai, as, a, ons, ez, ont. Ces terminaisons sont rajoutées au radical du verbe, regardez les exemples.

Exemple :

Le verbe marcher (1er groupe) :

Je marcherai, tu marcheras, il marchera, nous marcherons, vous marcherez, ils marcheront.

Le verbe finir (2ème groupe) :

Je finirai, tu finiras, il finira, nous finirons, vous finirez, ils finiront

Le futur simple est donc beaucoup plus simple que le présent de l'indicatif de ce point de vue.

<u>II) exception avec les verbes qui se terminent en -eler</u>

En revanche, il y a de nombreuses exceptions.

D'abord, tous les verbes du 1er groupe ne pas régulier. C'est le cas des verbes qui se finissent en eler, qui prennent 2L.

Exemple :

Le verbe appeler

J'appellerai, tu appelleras, il appellera, nous appellerons, vous appellerez, ils appelleront

Attention, une exception à l'exception s'ajoute. En effet, les verbes suivants ne suivent pas la règle énonçait précédemment, à la place ils prennent non pas un L mais un accent grave (les liens vont vers une conjugaison de ces verbes) : agneler, celer, déceler, receler, ciseler, démanteler, écarteler, encasteler, geler, dégeler, congeler, surgeler, marteler, modeler, peler.

III) exception avec les verbes qui se terminent en eter

Les verbes en eter prendront 2T.

Prenons l'exemple du verbe jeter :

je jetterai, tu jetteras, il jettera, nous jetterons, vous jetterez, ils jetteront.

Attention, des verbes qui ne respectent pas cette règle. C'est le cas notamment de ces verbes qui n'ont pas 2T mais bien un accent : acheter, racheter, bégueter, corseter, crocheter, fileter, fureter, haleter.

IV) exception avec les verbes qui se terminent en yer et ayer

Les verbes qui se terminent en yer ont le y qui devient un i devant un e muet. Regardez la conjugaison du verbe appuyer.

Les verbes en ayer changent le y en i devant un e muet ou peuvent ne pas le changer.

V) les verbes du 3ème groupe

Concernant les verbes en RE comme conduire on enlève le « e ». Ce qui nous donne lorsqu'on le conjugue : je conduirai, tu conduiras, il conduira, nous conduirons, vous conduirez, ils conduiront.

Ce sont des verbes irréguliers dont il faut connaître le radical de conjugaison qui parfois changent totalement.

Exemple :

être	avoir	aller	voir
Serai, seras, sera serons Serez seront	Aurai auras aura aurons aurez auront	Irai iras ira irons irez iront	Verrai verras verra verrons verrez verront
faire	pouvoir	vouloir	devoir
Ferai feras fera ferons ferez feront	Pourrai pourras pourra pourrons pourrez pourront	Voudrais voudras voudra voudrons voudrez voudront	Devrai devras devra devrons devrez devront

Autres particularités :

Les verbes mourir, courir, acquérir et ceux de leur famille doublent le R.

Exemple avec le verbe courir :

Je courrai, tu courras, il courra, nous courrons, vous courrez, ils courront

Voici comment on conjugue les verbes être et avoir au futur, ce sera très important pour utiliser le futur antérieur : (regardez en page 67)

être	avoir
Je serai	J'aurai
Tu seras	Tu auras
Il sera	Il aura
Nous serons	Nous aurons
Vous serez	Vous aurez
Ils seront	Ils auront

Partie exercice :

Partie question de cours : (correction dans le cours)

1) Quelles sont les terminaisons du futur simple de l'indicatif ?

2) Conjuguez le verbe marcher au futur.

3) Quel est la règle des verbes qui terminent en eler ?

4) Conjuguez le verbe appeler au futur simple.

5) Quel est la règle des verbes qui terminent en eter ?

6) Conjuguez le verbe jeter au futur simple.

7) Quel est la règle concernant les verbes qui se terminent en ayer ?

8) Conjuguez le verbe appuyer.

9) Quel est la règle concernant les verbes qui se terminent en RE

10) Conjuguez ces verbes : être, avoir, faire, voir, pouvoir, vouloir, devoir.

11) Quel est la particularité des verbes mourir, courir, et acquérir ?

Trouve les verbes conjugués au futur et dit leur infinitif : (il y en a 9)

    Je suppose que vous commencez la campagne avec une armée de cent mille hommes, que vous êtes suffisamment pourvu des munitions de guerre et de bouche, que vous avez deux mille chariots, dont mille sont pour la course, et les autres uniquement pour le transport; que jusqu'à cent lieues de vous, il y aura partout des vivres pour l'entretien de votre armée; que vous faites transporter avec soin tout ce qui peut servir au raccommodage des armes et des chariots; que les artisans et les autres qui ne sont pas du corps des soldats vous ont déjà précédé ou marchent séparément à votre suite; que toutes les choses qui servent pour des usages étrangers, comme celles qui sont purement pour la guerre, sont toujours à couvert des injures de l'air et à l'abri des accidents fâcheux qui peuvent arriver.

    Je suppose encore que vous avez mille onces d'argent à distribuer aux troupes chaque jour, et que leur solde est toujours payée à temps avec la plus rigoureuse exactitude. Dans ce cas, vous pouvez aller droit à l'ennemi. L'attaquer et le vaincre seront pour vous une même chose.

S'il s'agit de prendre une ville, hâtez-vous d'en faire le siège ; ne pensez qu'à cela, dirigez là toutes vos forces ; il faut ici tout brusquer ; si vous y manquez, vos troupes courent le risque de tenir longtemps la campagne, ce qui sera une source de funestes malheurs.

Les coffres du prince que vous servez s'épuiseront, vos armes perdues par la rouille ne pourront plus vous servir, l'ardeur de vos soldats se ralentira, leur courage et leurs forces s'évanouiront, les provisions se consumeront, et peut-être même vous trouverez-vous réduit aux plus fâcheuses extrémités.

Trouve l'erreur :

Lorsque ceux de vos espions qui sont près du camp des ennemis vous ferez savoir qu'on y parle bas et d'une manière mystérieuse, que ces ennemis sont modestes dans leur façon d'agir et retenus dans tous leurs discours, concluez qu'ils pensent `a une action générale, et qu'ils en font déjà les préparatifs : allez à eux sans perdre de temps. Ils veulent vous surprendre, surprenez-les vous-même. Si vous apprenez au contraire qu'ils sont bruyants, fiers et hautains dans leurs discours, soyez certain qu'ils pensent à la retraite et qu'ils n'ont nullement envie d'en venir aux mains. Lorsqu'on vous fera savoir qu'on a vu quantité de chars vides précéder leur armée, préparez-vous à combattre, car les ennemis viennent à vous en ordre de bataille.

Si dans différents quartiers de leur camp on tue furtivement des chevaux, dont on permette ensuite de manger la chair, c'est une preuve que leurs provisions sont sur la fin. Telles sont les attentions que vous devez à toutes les démarches que peuvent faire les ennemis. Une telle minutie dans les détails peut vous paraître superflue, mais mon dessein est de vous prévenir sur tout, et de vous convaincre que rien de tout ce qui peut contribuer à vous faire triompher n'est petit. L'expérience me l'a appris, elle vous l'apprendra de même ; je souhaite que ce ne soit pas à vos dépens. Encore une fois, éclairez toutes les démarches de l'ennemi, quelles qu'elles puissent être ; mais veillez aussi sur vos propres troupes, ayez l'œil à tout, sachez tout, empêchez les vols et les brigandages, la débauche et l'ivrognerie, les mécontentements et les cabales, la paresse et l'oisiveté. Sans qu'il soit nécessaire qu'on vous en instruise, vous pourrez connaître par vous-même ceux de vos gens qui seront dans le cas, et voici comment. Si quelques-uns de vos soldats, lorsqu'ils changent de poste ou de quartier, ont laissé tomber quelque chose, quoique de petite valeur, et qu'ils n'aient pas voulu se donner la peine de la ramasser ; s'ils ont oublié quelque ustensile dans leur première station, et qu'ils ne le réclament point, concluez que ce sont des voleurs, punissez-les comme tels. Si dans votre armée on a des entretiens secrets, si l'on y parle souvent à l'oreille ou à voix basse, s'il y a des choses qu'on n'ose dire qu'à demi-mot, concluez que la 46 ARTICLE IX peur s'est glissée parmi vos gens, que le mécontentement va suivre, et que les cabales ne tarderont pas à se former : hâtez-vous d'y mettre ordre. Ils ne se tiront pas avec honneur, parce qu'ils les auront commencés avec précipitation, et qu'ils n'en auront pas prévu les inconvénients et toutes les suites ; il arriva même qu'ils agiront contre l'intention expresse du général, sous divers prétextes qu'ils tâchont de rendre plausibles ; et d'une action particulière commencée étourdiment et contre toutes les règles, on en viendra `a un combat général, dont tout l'avantage sera du côté de l'ennemi. Veillez sur de tels officiers, ne les éloignez jamais de vos côtés ; quelques grandes qualités qu'ils puissent avoir d'ailleurs, ils vous causeraient de grands préjudices, peut- être même la perte de votre armée entière.

Partie corrigée :

Trouve les verbes conjugués au futur et dit leur infinitif :

Je suppose que vous commencez la campagne avec une armée de cent mille hommes, que vous êtes suffisamment pourvu des munitions de guerre et de bouche, que vous avez deux mille chariots, dont mille sont pour la course, et les autres uniquement pour le transport; que jusqu'à cent lieues de vous, il y aura partout des vivres pour l'entretien de votre armée; que vous faites transporter avec soin tout ce qui peut servir au raccommodage des armes et des chariots; que les artisans et les autres qui ne sont pas du corps des soldats vous ont déjà précédé ou marchent séparément à votre suite; que toutes les choses qui servent pour des usages étrangers, comme celles qui sont purement pour la guerre, sont toujours à couvert des injures de l'air et à l'abri des accidents fâcheux qui peuvent arriver. Verbe avoir.

Je suppose encore que vous avez mille onces d'argent à distribuer aux troupes chaque jour, et que leur solde est toujours payée à temps avec la plus rigoureuse exactitude. Dans ce cas, vous pouvez aller droit à l'ennemi. L'attaquer et le vaincre seront pour vous une même chose. Verbe être.

S'il s'agit de prendre une ville, hâtez-vous d'en faire le siège ; ne pensez qu'à cela, dirigez là toutes vos forces ; il faut ici tout brusquer ; si vous y manquez, vos troupes courent le risque de tenir longtemps la campagne, ce qui sera une source de funestes malheurs. Verbe être

Les coffres du prince que vous servez s'épuiseront, vos armes perdues par la rouille ne pourront plus vous servir, l'ardeur de vos soldats se ralentira, leur courage et leurs forces s'évanouiront, les provisions se consumeront, et peut-être même vous trouverez-vous réduit aux plus fâcheuses extrémités. Verbe s'épuiser, pouvoir, ralentir, s'évanouir, se consumer, et trouver.

Trouve l'erreur :

Lorsque ceux de vos espions qui sont près du camp des ennemis vous ferez savoir qu'on y parle bas et d'une manière mystérieuse, que ces ennemis sont modestes dans leur façon d'agir et retenus dans tous leurs discours, concluez qu'ils pensent `a une action générale, et qu'ils en font déjà les préparatifs : allez à eux sans perdre de temps. Ils veulent vous surprendre, surprenez-les vous-même. Si vous apprenez au contraire qu'ils sont bruyants, fiers et hautains dans leurs discours, soyez certain qu'ils pensent à la retraite et qu'ils n'ont nullement envie d'en venir aux mains. Lorsqu'on vous fera savoir qu'on a vu quantité de chars vides précéder leur armée, préparez-vous à combattre, car les ennemis viennent à vous en ordre de bataille. Ferez-→ feront car le sujet qui conjugue ce verbe est non pas « vous » mais « ceux de vos espions ».

Ils ne se tiront (tireront)pas avec honneur, parce qu'ils les auront commencés avec précipitation, et qu'ils n'en auront pas prévu les inconvénients et toutes les suites ; il arriva (arrivera) même qu'ils agiront contre l'intention expresse du général, sous divers prétextes qu'ils tâchont (tâcheront)de rendre plausibles ; et d'une action particulière commencée étourdiment et contre toutes les règles, on en viendra `a un combat général, dont tout l'avantage sera du côté de l'ennemi.

➔ N'oubliez pas que le futur se forme du radical du verbe et de la terminaison, ce n'est pas comme au présent simple de l'indicatif où on prend le radical du verbe et on enlève sa terminaison en er, ir, etc.… puis on ajoute la terminaison. Exemple chanter. On enlève « er », ce qui donne chant, puis on ajoute les terminaisons du présent simple de l'indicatif. D'ailleurs pouvez-vous me les rappeler ? Si vous ne savez pas revenez en page 7 et 8. Alors qu'au futur on garde « chanter » on n'enlève pas sa terminaison en er. Puis on rajoute les terminaisons du futur. Pouvez-vous me les rappeler ? Allez en page 13 si vous avez oubliez les terminaisons et revoyez ce chapitre.

Partie 1.3) le passé simple

C'est le temps simple le plus difficile de la langue française du fait que c'est un temps peu utilisé mais qui peut être mal utilisé. Du moins, en ce qui concerne les temps simples. En effet, des règles sont à connaître pour choisir le bon temps entre l'imparfait et le passé simple.

Le passé simple est utilisé pour énoncer des actions, elles sont délimitées dans le temps et elles font avancées le récit au passé.

L'imparfait est utilisé pour décrire ce qui constitue un cadre ou l'arrière-plan du récit notamment lors des descriptions, les faits énoncés ont une durée indéterminée, et qui se répète de manière récurrente au passé.

Pour mieux comprendre les temps du passé je vous conseille de lire la Princesse de Clèves de Madame La Fayette.

• passé simple en -a pour tous les verbes du 1er groupe et pour le verbe aller : -ai, -as, -a, -âmes, -âtes, -èrent (ex : il aima)

• passé simple en -i pour les verbes du 2e groupe et pour certains verbes du 3e groupe : -is, -is, -it, -îmes, -îtes, - irent (ex : elle finit, elle fit)

• passé simple en -u pour certains verbes du 3e groupe : - us, -us, -ut, -ûmes, -ûtes, -urent (ex : elle put)

• passé simple en -in- pour les verbes tenir et venir ainsi que leurs dérivés : -ins, -ins, -int, -înmes, -întes, -inrent (ex : je vins)

• aimer finir pouvoir j'aimai tu aimas il aima nous aimâmes vous aimâtes ils aimèrent je finis tu finis il finit nous finîmes vous finîtes ils finirent je pus tu pus il put nous pûmes vous pûtes ils purent

aimer	finir	pouvoir
j'aimai	je finis	je pus
tu aimas	tu finis	tu pus
il aima	il finit	il put
nous aimâmes	nous finîmes	nous pûmes
vous aimâtes	vous finîtes	vous pûtes
ils aimèrent	ils finirent	ils purent

Au passé simple et à l'imparfait de l'indicatif, les terminaisons des verbes du 1er groupe avec je ont pratiquement la même prononciation. Pour bien faire la différence, il faut remplacer le je par tu.

Imparfait : Souvent, je parlais trop. ==> Souvent, tu parlais trop.

Passé simple : Soudain, je parlai trop ==> Soudain, tu parlas trop.

Les verbes tenir et venir ainsi que leurs composés ont un passé simple en -in :

Tenir venir je tins tu tins il tint nous tînmes vous tîntes ils tinrent je vins tu vins il vint nous vînmes vous vîntes ils vinrent

tenir	venir
je tins	je vins
tu tins	tu vins
il tint	il vint
nous tînmes	nous vînmes
vous tîntes	vous vîntes
ils tinrent	ils vinrent

Voici comment on conjugue les verbes être et avoir, il faut les connaître car vous en aurez besoin pour utiliser le passé antérieur (regardez en page 67) :

être	avoir
Je fus	J'eus
Tu fus	Tu eus
Il fut	Il eut
Nous fûmes	Nous eûmes
Vous fûtes	Vous eûtes
Ils furent	Ils eurent

Partie exercice :

Relevez les verbes qui sont conjugués au passé simple et donner leur infinitif :

Il ne se contentait pas d'avoir marié son fils aîné avec madame Diane, fille du roi et d'une dame de Piémont, qui se fit religieuse aussitôt qu'elle fut accouchée.

Elle voyait qu'il prenait des liaisons avec la reine ; de sorte que le connétable la trouva disposée à s'unir avec lui, et à entrer dans son alliance, par le mariage de mademoiselle de La Marck, sa petite fille, avec monsieur d'Anville, son second fils, qui succéda depuis à sa charge sous le règne de Charles IX.

Le connétable ne crut pas trouver d'obstacles dans l'esprit de monsieur d'Anville pour un mariage, comme il en avait trouvé dans l'esprit de monsieur de Montmorency ; mais, quoique les raisons lui en fussent cachées, les difficultés n'en furent guère moindres.

Le cardinal de Lorraine, le connétable de Montmorency et le maréchal de Saint-André s'y trouvèrent pour le roi ; le duc d'Albe et le prince d'Orange, pour Philippe II ; et le duc et la duchesse de Lorraine furent les médiateurs.

Le roi demeura cependant sur la frontière, et il y reçut la nouvelle de la mort de Marie, reine d'Angleterre. Il envoya le comte de Randan à Élisabeth, pour la complimenter sur son avènement à la couronne ; elle le reçut avec joie. Le roi lui promit de ne parler qu'au connétable de ce dessein, et il jugea même le secret nécessaire pour le succès.

Il envoya Lignerolles qui était un jeune homme d'esprit, son favori, pour voir les sentiments de la reine, et pour tâcher de commencer quelque liaison. En attendant l'événement de ce voyage, il alla voir le duc de Savoie, qui était alors à Bruxelles avec le roi d'Espagne. La mort de Marie d'Angleterre apporta de grands obstacles à la paix ; l'assemblée se rompit à la fin de novembre, et le roi revint à Paris.

Il parut alors une beauté à la cour, qui attira les yeux de tout le monde, et l'on doit croire que c'était une beauté parfaite, puisqu'elle donna de l'admiration dans un lieu où l'on était si accoutumé à voir de belles personnes. Après avoir perdu son mari, elle avait passé plusieurs années sans revenir à la cour. Cette héritière était alors un des grands partis qu'il y eût en France ; et quoiqu'elle fût dans une extrême jeunesse, l'on avait déjà proposé plusieurs mariages. Madame de Chartres, qui était extrêmement glorieuse, ne trouvait presque rien digne de sa fille ; la voyant dans sa seizième année, elle voulut la mener à la cour. Lorsqu'elle arriva, le vidame alla au-devant d'elle ; il fut surpris de la grande beauté de mademoiselle de Chartres, et il en fut surpris avec raison.

Elle se remit néanmoins, sans témoigner d'autre attention aux actions de ce prince que celle que la civilité lui devait donner pour un homme tel qu'il paraissait. Il s'aperçut que ses regards l'embarrassaient, contre l'ordinaire des jeunes personnes qui voient toujours avec plaisir l'effet de leur beauté ; il lui parut même qu'il était cause qu'elle avait de l'impatience de s'en aller, et en effet elle sortit assez promptement. Monsieur de Clèves se consola de la perdre de vue, dans l'espérance de savoir qui elle était ; mais il fut bien surpris quand il sut qu'on ne la connaissait point. Il demeura si touché de sa beauté, et de l'air modeste qu'il avait remarqué dans ses actions, qu'on peut dire qu'il conçut pour elle dès ce moment une passion et une estime extraordinaires. Il alla le soir chez Madame, sœur du roi.

Question de cours :

1) Quelles sont les terminaisons des verbes du 1er groupe au passé simple ?

2) Quelles sont les terminaisons des verbes du 2ème groupe au passé simple ?

3) Quelles sont les terminaisons des verbes du 3ème groupe au passé simple ?

4) Quelles sont les terminaisons des verbes tenir et venir au passé simple ?

5) Conjuguez les verbes finir aimer et pouvoir.

6) Quand utilisons-nous le passé simple et l'imparfait ? On appelle cela la valeur du temps de l'imparfait ou du passé simple.

7) Conjuguez les verbes aller, faire, être, avoir, chanter, manger, apprendre.

La correction des 6 premières questions se situent dans le cours en page 21 et 22, et la question 7 en page 29.

Partie de correction :

Il ne se contentait pas d'avoir marié son fils aîné avec madame Diane, fille du roi et d'une dame de Piémont, qui se fit religieuse aussitôt qu'elle fut accouchée.

Fit→faire au passé simple

contentait →contenter à l'imparfait

fut accouché→ accoucher au passé antérieur

Elle voyait qu'il prenait des liaisons avec la reine ; de sorte que le connétable la trouva disposée à s'unir avec lui, et à entrer dans son alliance, par le mariage de mademoiselle de La Marck, sa petite fille, avec monsieur d'Anville, son second fils, qui succéda depuis à sa charge sous le règne de Charles IX.

Trouva→ trouver et succéda→ succéder

Le connétable ne crut pas trouver d'obstacles dans l'esprit de monsieur d'Anville pour un mariage, comme il en avait trouvé dans l'esprit de monsieur de Montmorency ; mais, quoique les raisons lui en fussent cachées, les difficultés n'en furent guère moindres.

crut→croire furent→ être

fussent→imparfait du subjonctif du verbe être

Le cardinal de Lorraine, le connétable de Montmorency et le maréchal de Saint-André s'y trouvèrent pour le roi ; le duc d'Albe et le prince d'Orange, pour Philippe II ; et le duc et la duchesse de Lorraine furent les médiateurs.

Trouvèrent →trouver

Furent→être

Le roi demeura cependant sur la frontière, et il y reçut la nouvelle de la mort de Marie, reine d'Angleterre. Il envoya le comte de Randan à Élisabeth, pour la complimenter sur son avènement à la couronne ; elle le reçut avec joie.

Demeura→demeurer

Reçut→recevoir

Envoya→envoyer

Le roi lui promit de ne parler qu'au connétable de ce dessein, et il jugea même le secret nécessaire pour le succès.

Promit→promettre

Jugea→juger

Il envoya Lignerolles qui était un jeune homme d'esprit, son favori, pour voir les sentiments de la reine, et pour tâcher de commencer quelque liaison. En attendant l'événement de ce voyage, il alla voir le duc de Savoie, qui était alors à Bruxelles avec le roi d'Espagne. La mort de Marie d'Angleterre apporta de grands obstacles à la paix ; l'assemblée se rompit à la fin de novembre, et le roi revint à Paris.

Envoya→envoyer

Alla→aller

Rompit→rompre

Apporta→apporter

Il parut alors une beauté à la cour, qui attira les yeux de tout le monde, et l'on doit croire que c'était une beauté parfaite, puisqu'elle donna de l'admiration dans un lieu où l'on était si accoutumé à voir de belles personnes. Après avoir perdu son mari, elle avait passé plusieurs années sans revenir à la cour. Cette héritière était alors un des grands partis qu'il y eût en France ; et quoiqu'elle fût dans une extrême jeunesse, l'on avait déjà proposé plusieurs mariages. Madame de Chartres, qui était extrêmement glorieuse, ne trouvait presque rien digne de sa fille ; la voyant dans sa seizième année, elle voulut la mener à la cour. Lorsqu'elle arriva, le vidame alla au-devant d'elle ;

il fut surpris de la grande beauté de mademoiselle de Chartres, et il en fut surpris avec raison.

Parut→apparaître

Attira→attirer

Donna→donner

Voulut→vouloir

Alla→aller

Arriva→arriver

Fut→être

Fût→être à l'imparfait du subjonctif

Eût→ avoir à l'imparfait du subjonctif

 Elle se remit néanmoins, sans témoigner d'autre attention aux actions de ce prince que celle que la civilité lui devait donner pour un homme tel qu'il paraissait. Il s'aperçut que ses regards l'embarrassaient, contre l'ordinaire des jeunes personnes qui voient toujours avec plaisir l'effet de leur beauté ; il lui parut même qu'il était cause qu'elle avait de l'impatience de s'en aller, et en effet elle sortit assez promptement. Monsieur de Clèves se consola de la perdre de vue, dans l'espérance de savoir qui elle était ; mais il fut bien surpris quand il sut qu'on ne la connaissait point. Il demeura si touché de sa beauté, et de l'air modeste qu'il avait remarqué dans ses actions, qu'on peut dire qu'il conçut pour elle dès ce moment une passion et une estime extraordinaires. Il alla le soir chez Madame, sœur du roi.

  Remit→remettre

  S'aperçut→s'apercevoir

  Parut→apparaître

  Sortit→sortir

  Consola→consoler

Fut→être

Sut→savoir

Demeura→demeurer

Alla→aller

Réponse de la question 7 : (cliquer sur les liens) aller, faire, être, avoir, chanter, manger, apprendre.

Partie 1.4) l'imparfait

Partie cours :

Comme dit précédemment, l'imparfait est utilisé pour décrire un décor, un lieu un arrière-plan du récit. Ce temps est régulièrement utilisé, il est donc important de bien le maîtriser, ce qui n'est forcément le cas des temps composés comme le plus-que-parfait ou le passé antérieur. Voici les terminaisons de l'imparfait de l'indicatif :

Terminaisons de l'*imparfait*

Pronom personnel sujet	Les terminaisons	1er groupe	2e groupe
je / j'	-ais	aimais	finissais
tu	-ais	aimais	finissais
il / elle / on	-ait	aimait	finissait
nous	-ions	aimions	finissions
vous	-iez	aimiez	finissiez
ils / elles	-aient	aimaient	finissaient

Remarque : Certains verbes peuvent s'écrire avec plusieurs i successifs, ou avec un y suivi d'un i.

Comme vous pouvez le voir l'imparfait est plus facile que le futur. En effet, il n'y a pas d'exception. **Voici comment on conjugue les verbes être et avoir, il faut les connaître car vous en aurez besoin pour utiliser le plus-que-parfait (regardez en page 67 :**

être	**avoir**
- j'ét**ais**	- j'av**ais**
- tu ét**ais**	- tu av**ais**
- il, elle, on ét**ait**	- il, elle, on av**ait**
- nous ét**ions**	- nous av**ions**
- vous ét**iez**	- vous av**iez**
- ils, elles ét**aient**	- ils, elles av**aient**

Partie exercice :

Question de cours :

1) Quelles sont les terminaisons des verbes du 1er groupe à l'imparfait ?

2) 1) Quelles sont les terminaisons des verbes du 2ème groupe à l'imparfait ?

3) 1) Quelles sont les terminaisons des verbes du 3ème groupe à l'imparfait ?

4) 1) Quelles sont les terminaisons des verbes être et avoir à l'imparfait ?

<u>**Relevez les verbes conjugués à l'imparfait et au passé simple :**</u>

Toutes ces différentes cabales avaient de l'émulation et de l'envie les unes contre les autres : les dames qui les composaient avaient aussi de la jalousie entre elles, ou pour la faveur, ou pour les amants ; les intérêts de grandeur et d'élévation se trouvaient souvent joints à ces autres intérêts moins importants, mais qui n'étaient pas moins sensibles. Ainsi il y avait une sorte d'agitation sans désordre dans cette cour, qui la rendait très agréable, mais aussi très dangereuse pour une jeune personne. Madame de Chartres voyait ce péril, et ne songeait qu'aux moyens d'en garantir sa fille. Elle la pria, non pas comme sa mère, mais comme son amie, de lui faire confidence de toutes les galanteries qu'on lui dirait, et elle lui promit de lui aider à se conduire dans des choses où l'on était souvent embarrassée quand on était jeune. Le chevalier de Guise fit tellement paraître les sentiments et les desseins qu'il avait pour mademoiselle de Chartres, qu'ils ne furent ignorés de personne. Il ne voyait néanmoins que de l'impossibilité dans ce qu'il désirait ; il savait bien qu'il n'était point un parti qui convînt à mademoiselle de Chartres, par le peu de biens qu'il avait pour soutenir son rang ; et il savait bien aussi que ses frères n'approuveraient pas qu'il se mariât, par la crainte de l'abaissement que les mariages des cadets apportent d'ordinaire dans les grandes maisons. Le cardinal de Lorraine lui fit bientôt

Voir qu'il ne se trompait pas ; il condamna l'attachement qu'il témoignait pour mademoiselle de Chartres, avec une chaleur extraordinaire ; mais il ne lui en dit pas les véritables raisons. Ce cardinal avait une haine pour le vidame, qui était secrète alors, et qui éclata depuis. Il eût plutôt consenti à voir son frère entrer dans tout autre alliance que dans celle de ce vidame ; et il déclara si publiquement combien il en était éloigné, que madame de Chartres en fut sensiblement offensée. Elle prit de grands soins de faire voir que le cardinal de Lorraine n'avait rien à craindre, et qu'elle ne songeait pas à ce mariage. Le vidame prit la même conduite, et sentit, encore plus que madame de Chartres, celle du cardinal de Lorraine, parce qu'il en savait mieux la cause. Le prince de Clèves n'avait pas donné des marques moins publiques de sa passion, qu'avait fait le chevalier de Guise. Le duc de Nevers apprit cet attachement avec chagrin. Il crut néanmoins qu'il n'avait qu'à parler à son fils, pour le faire changer de conduite ; mais il fut bien surpris de trouver en lui le dessein formé d'épouser mademoiselle de Chartres. Il blâma ce dessein ; il s'emporta et cacha si peu son emportement, que le sujet s'en répandit bientôt à la cour, et alla jusqu'à madame de Chartres. Elle n'avait pas mis en doute que monsieur de Nevers ne regardât le mariage de sa fille comme un avantage pour son fils ; elle fut bien étonnée que la maison de Clèves et celle de Guise craignissent son alliance, au lieu de la souhaiter. Le dépit qu'elle eut lui fit penser à trouver un parti pour sa fille, qui la mît au-dessus de ceux qui se croyaient au-dessus d'elle. Après avoir tout examiné, elle s'arrêta au prince dauphin, fils du duc de Montpensier. Il était lors à marier, et c'était ce qu'il y avait de plus grand à la cour.

    Le vidame, qui savait l'attachement de monsieur d'Anville pour la reine dauphine, crut néanmoins qu'il fallait employer le pouvoir que cette princesse avait sur lui, pour l'engager à servir mademoiselle de Chartres auprès du roi et auprès du prince de Montpensier, dont il était ami intime. Il en parla à cette reine, et elle entra avec joie dans une affaire où il s'agissait de l'élévation d'une personne qu'elle aimait beaucoup ; elle le témoigna au vidame, et l'assura que, quoiqu'elle sût bien qu'elle ferait une chose désagréable au cardinal de Lorraine, son oncle, elle passerait avec joie par-dessus cette considération, parce qu'elle avait sujet de se plaindre de lui, et qu'il prenait tous les jours les intérêts de la reine contre les siens propres. Les personnes galantes sont toujours bien aises qu'un prétexte leur donne lieu de parler à ceux qui les aiment. Sitôt que le vidame eut quitté madame la dauphine, elle ordonna à Châtelart, qui était favori de monsieur d'Anville, et qui savait la passion qu'il avait pour elle, de lui aller dire, de sa part, de se trouver le soir chez la reine. Châtelart reçut cette commission avec beaucoup de joie et de respect. Ce gentilhomme était d'une bonne maison de Dauphiné ; mais son mérite et son esprit le mettaient au-dessus de sa naissance. Il était reçu et bien traité de tout ce qu'il y avait de grands seigneurs à la cour, et la faveur de la maison de Montmorency l'avait particulièrement attaché à monsieur d'Anville. Il était bien fait de sa personne, adroit à toutes sortes d'exercices ; il chantait agréablement, il faisait des vers, et avait un esprit galant et passionné qui plut si fort à monsieur d'Anville, qu'il le fit confident de l'amour qu'il avait pour la reine dauphine. Cette confidence l'approchait de cette princesse, et ce fut en la voyant souvent qu'il prit le commencement de cette malheureuse passion qui lui ôta la raison, et qui lui coûta enfin la vie. Monsieur d'Anville ne manqua pas d'être le soir chez la reine; il se trouva heureux que madame la dauphine l'eût choisi pour travailler à une chose qu'elle désirait, et il lui promit d'obéir exactement à ses ordres; mais madame de Valentinois, ayant été avertie du dessein de ce mariage, l'avait traversé avec tant de soin, et avait tellement prévenu le roi que, lorsque monsieur d'Anville lui en parla, il lui fit paraître qu'il ne l'approuvait pas, et lui ordonna même de le dire au prince de Montpensier. L'on peut juger ce que sentit madame de Chartres par la rupture d'une chose qu'elle avait tant désirée, dont le mauvais succès donnait un si grand avantage à ses ennemis, et faisait un si grand tort à sa fille.

Trouve l'erreur :

partie 1.5) imparfait et passé simple

<u>**Consigne :**</u>

Dans l'énoncé suivant des verbes qui sont conjugués avec un mauvais temps, c'est-à-dire qu'un verbe qui aurait dû être conjugué au passé simple, est à l'imparfait. Il s'agit d'une faute sur la valeur des temps des verbes. Rappelez-moi la valeur du temps de l'imparfait et du passé simple. Normalement, ce genre d'exercice est difficile. Effectivement, lorsqu'on doit choisir entre deux temps il faut bien comprendre la notion, c'est pourquoi je vous propose un long exercice de 10 pages.

<u>Début de l'exercice : écrivez sous la forme (n° de la l. verbe faux → verbe corrigé) Il y a 80 fautes dans 400 lignes c'est-à-dire l.14 eut→avait)</u>

Comme mademoiselle de Chartres eut le cœur très noble et très bien fait, elle fut véritablement touchée de reconnaissance du procédé du prince de Clèves. Cette reconnaissance donna à ses réponses et à ses paroles un certain air de douceur qui suffisait pour donner de l'espérance à un homme aussi éperdument amoureux que l'était ce prince : de sorte qu'il se flatta d'une partie de ce qu'il souhaitait. Elle rendit compte à sa mère de cette conversation, et madame de Chartres lui dit qu'il y avait tant de grandeur et de bonnes qualités dans monsieur de Clèves, et qu'il faisait paraître tant de sagesse pour son âge, que, si elle sentait son inclination portée à l'épouser, elle y consentirait avec joie. Mademoiselle de Chartres répondit qu'elle lui remarquait les mêmes bonnes qualités, qu'elle l'épouserait même avec moins de répugnance qu'un autre, mais qu'elle n'avait aucune inclination particulière pour sa personne. Dès le lendemain, ce prince fit parler à madame de Chartres ; elle reçut la proposition qu'on lui faisait, et elle ne craignit point de donner à sa fille un mari qu'elle ne pût aimer, en lui donnant le prince de Clèves. Les articles furent conclus ; on parlait au roi, et ce mariage fut su de tout le monde. Monsieur de Clèves se trouvait heureux, sans être néanmoins entièrement content. Il voyait avec beaucoup de peine que les sentiments de mademoiselle de Chartres ne passaient pas ceux de l'estime et de la reconnaissance, et il ne pouvait se flatter qu'elle en cachât de plus obligeants, puisque l'état où ils étaient lui permettait de les faire paraître sans choquer son extrême modestie. Il ne se passait guère de jours qu'il ne lui en fît ses plaintes. Mademoiselle de Chartres ne savait que répondre, et ces distinctions étaient au-dessus de ses connaissances. Monsieur de Clèves ne voyait que trop combien elle était éloignée d'avoir pour lui des sentiments qui le pouvaient satisfaire, puisqu'il lui paraissait même qu'elle ne les entendait pas. Le chevalier de Guise revint d'un voyage peu de jours avant les noces. Il avait vu tant d'obstacles insurmontables au dessein qu'il avait eu d'épouser mademoiselle de Chartres, qu'il n'avait pu se flatter d'y réussir ; et néanmoins il fut sensiblement affligé de la voir devenir la femme d'un autre. Cette douleur n'éteignit pas sa passion, et il ne demeurait pas moins amoureux. Mademoiselle de Chartres n'avait pas ignoré les sentiments que ce prince avait eus pour elle. Il lui fit connaître, à son retour, qu'elle était cause de l'extrême tristesse qui paraissait sur son visage, et il avait tant de mérite et tant d'agréments, qu'il était difficile de le rendre malheureux sans en avoir quelque pitié. Aussi ne se pouvait-elle défendre d'en avoir ; mais cette pitié ne la conduisait pas à d'autres sentiments : elle contait à sa mère la peine que lui donnait l'affection de ce prince.

Madame de Chartres admirait la sincérité de sa fille, et elle l'admirait avec raison, car jamais personne n'en a eu une si grande et si naturelle ; mais elle n'admirait pas moins que son cœur ne fût point touché, et d'autant plus, qu'elle voyait bien que le prince de Clèves ne l'avait pas touchée, non plus que les autres. Cela fut cause qu'elle prit de grands soins de l'attacher à son mari, et de lui faire comprendre ce qu'elle devait à l'inclination qu'il avait eue pour elle, avant que de la connaître, et à la passion qu'il lui avait témoignée en la préférant à tous les autres partis, dans un temps où personne n'osait plus penser à elle. Ce mariage s'achevait, la cérémonie s'en fit au Louvre ; et le soir, le roi et les reines vinrent souper chez madame de Chartres avec toute la cour, où ils furent reçus avec une magnificence admirable. Le chevalier de Guise n'osa se distinguer des autres, et ne pas assister à cette cérémonie ; mais il y fut si peu maître de sa tristesse, qu'il était aisé de la remarquer. Monsieur de Clèves ne trouvait pas que mademoiselle de Chartres eût changé de sentiment en changeant de nom. La qualité de son mari lui donna de plus grands privilèges ; mais elle ne lui donna pas une autre place dans le cœur de sa femme. Cela fit aussi que pour être son mari, il ne laissa pas d'être son amant, parce qu'il avait toujours quelque chose à souhaiter au-delà de sa possession ; et, quoiqu'elle vécût parfaitement bien avec lui, il n'était pas entièrement heureux. Il conservait pour elle une passion violente et inquiète qui troublait sa joie ; la jalousie n'avait point de part à ce trouble : jamais mari n'est allé si loin d'en prendre, et jamais femme n'est allée si loin d'en donner. Elle était néanmoins exposée au milieu de la cour ; elle allait tous les jours chez les reines et chez Madame. Saint-André, quoique audacieux et soutenu de la faveur du roi, était touché de sa beauté, sans oser le lui faire paraître que par des soins et des devoirs. Plusieurs autres étaient dans le même état ; et madame de Chartres joignait à la sagesse de sa fille une conduite si exacte pour toutes les bienséances, qu'elle achevait de la faire paraître une personne où l'on ne pouvait atteindre. La duchesse de Lorraine, en travaillant à la paix, avait aussi travaillé pour le mariage du duc de Lorraine, son fils. Il avait été conclu avec madame Claude de France, seconde fille du roi. Les noces en furent résolues pour le mois de février. Cependant le duc de Nemours était demeuré à Bruxelles, entièrement rempli et occupé de ses desseins pour l'Angleterre. Il en reçut ou y envoya continuellement des courriers : ses espérances augmentaient tous les jours, et enfin Lignerolles lui manda qu'il était temps que sa présence vînt achever ce qui était si bien commencé. Il reçut cette nouvelle avec toute la joie que peut avoir un jeune homme ambitieux, qui se voit porté au trône par sa seule réputation. Son esprit s'était insensiblement accoutumé à la grandeur de cette fortune, et, au lieu qu'il l'avait rejetée d'abord comme une chose où il ne pouvait parvenir, les difficultés s'étaient effacées de son imagination, et il ne voyait plus d'obstacles. Il envoya en diligence à Paris donner tous les ordres nécessaires pour faire un équipage magnifique, afin de paraître en Angleterre avec un éclat proportionné au dessein qui l'y conduisait, et il se hâta lui-même de venir à la cour pour assister au mariage de monsieur de Lorraine. Il arrivait la veille des fiançailles ; et dès le même soir qu'il fut arrivé, il alla rendre compte au roi de l'état de son dessein, et recevoir ses ordres et ses conseils pour ce qu'il lui restait à faire. Il alla ensuite chez les reines. Madame de Clèves n'y était pas, de sorte qu'elle ne le vit point, et ne sut pas même qu'il fût arrivé. Elle avait ouï parler de ce prince à tout le monde, comme de ce qu'il y avait de mieux fait et de plus agréable à la cour ; et surtout madame la dauphine le lui avait dépeint d'une sorte, et lui en avait parlé tant de fois, qu'elle lui avait donné de la curiosité, et même de l'impatience de le voir. Elle passa tout le jour des fiançailles chez elle à se parer, pour se trouver le soir au bal et au festin royal qui se faisaient au Louvre. Lorsqu'elle arriva, l'on admira sa beauté et sa parure ; le bal commença, et comme elle dansait avec monsieur de Guise, il se fit un assez grand bruit vers la porte de la salle, comme de quelqu'un qui entrait, et à qui on faisait place. Madame de Clèves acheva de danser et pendant qu'elle cherchait des yeux quelqu'un qu'elle avait dessein de prendre, le roi lui criait de prendre celui qui arrivait. Elle se tourna, et vit un homme qu'elle crut d'abord ne pouvoir être que monsieur de Nemours, qui passait par-dessus quelques sièges pour arriver où l'on dansait. Ce prince était fait d'une sorte, qu'il était difficile de n'être pas surprise de le voir quand on ne l'avait jamais vu, surtout ce soir-là, où le soin qu'il avait pris de se parer augmentait encore l'air brillant qui était dans sa personne ; mais il était difficile aussi de voir madame de Clèves pour la première fois, sans avoir un grand étonnement. Monsieur de Nemours fut tellement surpris de sa beauté, que, lorsqu'il fut proche d'elle, et qu'elle lui fit la révérence, il ne put s'empêcher de donner des marques de son admiration. Quand ils commençaient à danser, il s'élevait dans la salle un murmure de louanges. Le roi et les reines se souvinrent qu'ils ne s'étaient jamais vus, et trouvèrent quelque chose de singulier de les voir danser ensemble sans se connaître. Ils les appelèrent quand ils eurent fini, sans leur donner le loisir de parler à personne, et leur demandaient s'ils n'avaient pas bien envie de savoir qui ils étaient, et s'ils ne s'en doutaient point. — Pour moi, Madame, dit monsieur de Nemours, je n'ai pas d'incertitude ; mais comme madame de Clèves n'a pas les mêmes raisons pour deviner qui je suis que celles que j'ai pour la reconnaître, je voudrais bien que Votre Majesté eût la bonté de lui apprendre mon nom. Le chevalier de Guise, qui l'adorait toujours, fut à ses pieds, et ce qui se venait de passer lui avait donné une douleur sensible. Il prit comme un présage, que la fortune destinait monsieur de Nemours à être amoureux de madame de Clèves ; et soit qu'en effet il eût paru quelque trouble sur son visage, ou que la jalousie fit voir au chevalier de Guise au-delà de la vérité, il crut qu'elle avait été touchée de la vue de ce prince, et il ne put s'empêcher de lui dire que monsieur de Nemours était bien heureux de commencer à être connu d'elle, par une aventure qui avait quelque chose de galant et d'extraordinaire. Madame de Clèves revint chez elle, l'esprit si rempli de tout ce qui s'était passé au bal, que, quoiqu'il fût fort tard, elle alla dans la chambre de sa mère pour lui en rendre compte ; et elle lui loua monsieur de Nemours avec un certain air qui donna à madame de Chartres la même pensée qu'avait eue le chevalier de Guise. Le lendemain, la cérémonie des noces se fit. Madame de Clèves y vit le duc de Nemours avec une mine et une grâce si admirable, qu'elle en fut encore plus surprise. Les jours suivants, elle le vit chez la reine dauphine, elle le voyait jouer à la paume avec le roi, elle le vit courre la bague, elle l'entendit parler ; mais elle le vit toujours surpasser de si loin tous les autres, et se rendre tellement maître de la conversation dans tous les lieux où il était, par l'air de sa personne et par l'agrément de son esprit, qu'il fit, en peu de temps, une grande impression dans son cœur. Il est vrai aussi que, comme monsieur de Nemours sentait pour elle une inclination violente, qui lui donnait cette douceur et cet enjouement qu'inspirent les premiers désirs de plaire, il était encore plus aimable qu'il n'avait accoutumé de l'être ; de sorte que, se voyant souvent, et se voyant l'un et l'autre ce qu'il y avait de plus parfait à la cour, il fut difficile qu'ils ne se plussent infiniment. La passion de monsieur de Nemours pour madame de Clèves fut d'abord si violente, qu'elle lui ôta le goût et même le souvenir de toutes les personnes qu'il avait aimées, et avec qui il avait conservé des commerces pendant son absence. Il ne prit pas seulement le soin de chercher des prétextes pour rompre avec elles ; il ne put se donner la patience d'écouter leurs plaintes, et de répondre à leurs reproches. Madame la dauphine, pour qui il avait eu des sentiments assez passionnés, ne put tenir dans son cœur contre madame de Clèves. Son impatience pour le voyage d'Angleterre commençait même à se ralentir, et il ne pressa plus avec tant d'ardeur les choses qui étaient nécessaires pour son départ. Il allait souvent chez la reine dauphine, parce que madame de Clèves y allait souvent, et il n'était pas fâché de laisser imaginer ce que l'on avait cru de ses sentiments pour cette reine. Madame de Clèves lui paraissait d'un si grand prix, qu'il se résolut de manquer plutôt à lui donner des marques de sa passion, que de hasarder de la faire connaître au public. Il n'en parlait pas même au vidame de Chartres, qui était son ami intime, et pour qui il n'avait rien de caché. Il prit une conduite si sage, et s'observa avec tant de soin, que personne ne le soupçonna d'être amoureux de madame de Clèves, que le chevalier de Guise ; et elle aurait eu peine à s'en apercevoir elle-même, si l'inclination qu'elle avait pour lui ne lui eût donné une attention particulière pour ses actions, qui ne lui permît pas d'en douter. Elle ne se trouvait pas la même disposition à dire à sa mère ce qu'elle pensa des sentiments de ce prince, qu'elle avait eue à lui parler de ses autres amants ; sans avoir un dessein formé de lui cacher, elle ne lui en parla point. Mais madame de Chartres ne le vit que trop, aussi bien que le penchant que sa fille eut pour lui. Cette connaissance lui donna une douleur sensible ; elle jugeait bien le péril où était cette jeune personne, d'être aimée d'un homme fait comme monsieur de Nemours pour qui elle avait de l'inclination. Elle fut entièrement confirmée dans les soupçons qu'elle avait de cette inclination par une chose qui arrivait peu de jours après. Quelques jours avant celui qui avait été choisi pour ce souper, le roi dauphin, dont la santé était assez mauvaise, s'était trouvé mal, et n'avait vu personne. La reine, sa femme, avait passé tout le jour auprès de lui. Sur le soir, comme il se portait mieux, il faisait entrer toutes les personnes de qualité qui étaient dans son antichambre. La reine dauphine s'en alla chez elle ; elle y trouva madame de Clèves et quelques autres dames qui étaient le plus dans sa familiarité. Comme il fut déjà assez tard, et qu'elle n'était point habillée, elle n'alla pas chez la reine ; elle faisait dire qu'on ne la voyait point, et fit apporter ses pierreries afin d'en choisir pour le bal du maréchal de Saint-André, et pour en donner à madame de Clèves, à qui elle en avait promis. Comme elles étaient dans cette occupation, le prince de Condé arriva. Sa qualité lui rendit toutes les entrées libres. La reine dauphine lui dit qu'il venait sans doute de chez le roi son mari, et lui demanda ce que l'on y faisait. Sitôt que le prince de Condé avait commencé à conter les sentiments de monsieur de Nemours sur le bal, madame de Clèves avait senti une grande envie de ne point aller à celui du maréchal de Saint-André. Elle entrait aisément dans l'opinion qu'il ne fallait pas aller chez un homme dont on était aimée, et elle fut bien aise d'avoir une raison de sévérité pour faire une chose qui était une faveur pour monsieur de Nemours; elle emportait néanmoins la parure que lui avait donnée la reine dauphine; mais le soir, lorsqu'elle la montrait à sa mère, elle lui dit qu'elle n'avait pas dessein de s'en servir; que le maréchal de Saint-André prenait tant de soin de faire voir qu'il était attaché à elle, qu'elle ne doutait point qu'il ne voulait aussi faire croire qu'elle aurait part au divertissement qu'il devait donner au roi, et que, sous prétexte de faire l'honneur de chez lui, il lui rendrait des soins dont peut-être elle serait embarrassée. Madame de Chartres combattit quelque temps l'opinion de sa fille, comme la trouvant particulière ; mais voyant qu'elle s'y opiniâtrait, elle s'y rendit, et lui dit qu'il fallait donc qu'elle fît la malade pour avoir un prétexte de n'y pas aller, parce que les raisons qui l'en empêchaient ne seraient pas approuvées, et qu'il fallait même empêcher qu'on ne les soupçonnât. Madame de Clèves consentit volontiers à passer quelques jours chez elle, pour ne point aller dans un lieu où monsieur de Nemours ne devait pas être ; et il partit sans avoir le plaisir de savoir qu'elle n'irait pas. Il revint le lendemain du bal, il sut qu'elle ne s'y était pas trouvée ; mais comme il ne savait pas que l'on eût redit devant elle la conversation de chez le roi dauphin, il était bien éloigné de croire qu'il fût assez heureux pour l'avoir empêchée d'y aller. Quoique l'assemblée de Cercamp eût été rompue, les négociations pour la paix avaient toujours continué, et les choses s'y disposèrent d'une telle sorte que, sur la fin de février, on se rassemblait à Câteau-Cambresis. Les mêmes députés y retournaient ; et l'absence du maréchal de Saint-André défit monsieur de Nemours du rival qui lui était plus redoutable, tant par l'attention qu'il avait à observer ceux qui approchaient madame de Clèves, que par le progrès qu'il pouvait faire auprès d'elle. Madame de Chartres n'avait pas voulu laisser voir à sa fille qu'elle connaissait ses sentiments pour le prince, de peur de se rendre suspecte sur les choses qu'elle avait envie de lui dire. Elle se mettait un jour à parler de lui ; elle lui en dit du bien, et y mêla beaucoup de louanges empoisonnées sur la sagesse qu'il avait d'être incapable de devenir amoureux, et sur ce qu'il ne se faisait qu'un plaisir, et non pas un attachement sérieux du commerce des femmes. "Ce n'est pas, ajouta-t-elle, que l'on ne l'ait soupçonné d'avoir une grande passion pour la reine dauphine ; je vois même qu'il y va très souvent, et je vous conseille d'éviter, autant que vous pourrez, de lui parler, et surtout en particulier, parce que, madame la dauphine vous traitant comme elle fait, on dirait bientôt que vous êtes leur confidente, et vous savez combien cette réputation est désagréable. Je suis d'avis, si ce bruit continue, que vous alliez un peu moins chez madame la dauphine, afin de ne vous pas trouver mêlée dans des aventures de galanterie." Madame de Clèves n'avait jamais ouï parler de monsieur de Nemours et de madame la dauphine ; elle était si surprise de ce que lui dit sa mère, et elle croyait si bien voir combien elle s'était trompée dans tout ce qu'elle avait pensé des sentiments de ce prince, qu'elle en changea de visage. Madame de Chartres s'en aperçut : il vint du monde dans ce moment, madame de Clèves s'en alla chez elle, et s'enferma dans son cabinet. L'on ne peut exprimer la douleur qu'elle sentit, de connaître, par ce que lui venait de dire sa mère, l'intérêt qu'elle prenait à monsieur de Nemours : elle n'avait encore osé se l'avouer à elle-même. Elle voyait alors que les sentiments qu'elle avait pour lui étaient ceux que monsieur de Clèves lui avait tant demandés ; elle trouva combien il était honteux de les avoir pour un autre que pour un mari qui les méritait. Elle se sentit blessée et embarrassée de la crainte que monsieur de Nemours ne la voulût faire servir de prétexte à madame la dauphine, et cette pensée la détermina à conter à madame de Chartres ce qu'elle ne lui avait point encore dit. Elle alla le lendemain matin dans sa chambre pour exécuter ce qu'elle avait résolu ; mais elle trouva que madame de Chartres avait un peu de fièvre, de sorte qu'elle ne voulut pas lui parler. Ce mal paraissait néanmoins si peu de chose, que madame de Clèves ne laissa pas d'aller l'après dînée chez madame la dauphine : elle était dans son cabinet avec deux ou trois dames qui étaient le plus avant dans sa familiarité. Monsieur de Nemours, qui avait toujours eu beaucoup d'amitié pour lui, n'avait pas cessé de lui en témoigner depuis son retour de Bruxelles. Pendant la maladie de madame de Chartres, ce prince trouvait le moyen de voir plusieurs fois madame de Clèves, en faisant semblant de chercher son mari, ou de le venir prendre pour le mener promener. Il le chercha même à des heures où il sut bien qu'il n'y était pas, et sous le prétexte de l'attendre, il demeurait dans l'antichambre de madame de Chartres, où il y eut toujours plusieurs personnes de qualité. Madame de Clèves y venait souvent, et, pour être affligée, elle n'en parut pas moins belle à monsieur de Nemours. Il lui fit voir combien il prenait d'intérêt à son affliction, et il lui en parlait avec un air si doux et si soumis, qu'il la persuadait aisément que ce n'était pas de madame la dauphine dont il était amoureux. Elle ne pouvait s'empêcher d'être troublée de sa vue, et d'éprouver pourtant du plaisir à le voir ; mais quand elle ne le voyait plus, et qu'elle pensait que ce charme qu'elle trouvait dans sa vue était le commencement des passions, il s'en fallait peu qu'elle ne crût le haïr par la douleur que lui donnait cette pensée. Madame de Chartres empira si considérablement, que l'on commença à désespérer de sa vie ; elle reçut ce que les médecins lui dirent du péril où elle était, avec un courage digne de sa vertu et de sa piété. Après qu'ils furent sortis, elle faisait retirer tout le monde, et appeler madame de Clèves. Dès le même soir qu'elle fut arrivée, madame la dauphine la vint voir, et après lui avoir témoigné la part qu'elle avait prise à son affliction, elle lui dit que, pour la détourner de ces tristes pensées, elle voulut l'instruire de tout ce qui s'était passé à la cour en son absence ; elle lui conta ensuite plusieurs choses particulières. Madame de Clèves entendait aisément la part qu'elle avait à ces paroles. Il lui sembla qu'elle devait y répondre, et ne les pas souffrir. Il lui sembla aussi qu'elle ne devait pas les entendre, ni témoigner qu'elle les prît pour elle. Elle crut devoir parler, et croyait ne devoir rien dire. Le discours de monsieur de Nemours lui plaisait et l'offensait quasi également ; elle y voyait la confirmation de tout ce que lui avait fait penser madame la dauphine ; elle y trouva quelque chose de galant et de respectueux, mais aussi quelque chose de hardi et de trop intelligible. L'inclination qu'elle avait pour ce prince lui donna un trouble dont elle ne fut pas maîtresse. Les paroles les plus obscures d'un homme qui plaît donnent plus d'agitation que les déclarations ouvertes d'un homme qui ne plaît pas. Elle demeura donc sans répondre, et monsieur de Nemours se fût aperçu de son silence, dont il n'aurait peut-être pas tiré de mauvais présages, si l'arrivée de monsieur de Clèves n'eût fini la conversation et sa visite. Ce prince vint conter à sa femme des nouvelles de Sancerre ; mais elle n'eut pas une grande curiosité pour la suite de cette aventure. Elle était si occupée de ce qui se venait de passer, qu'à peine pouvait-elle cacher la distraction de son esprit. Quand elle était en liberté de rêver, elle connut bien qu'elle s'était trompée, lorsqu'elle avait cru n'avoir plus que de l'indifférence pour monsieur de Nemours. Ce qu'il lui avait dit avait fait toute l'impression qu'il pouvait souhaiter, et l'avait entièrement persuadée de sa passion. Les actions de ce prince s'accordaient trop bien avec ses paroles, pour laisser quelque doute à cette 368 princesse. Elle ne se flattait plus de l'espérance de ne le pas aimer ; elle songeait seulement à ne lui en donner jamais aucune marque. C'était une entreprise difficile, dont elle connut déjà les peines ; elle sut que le seul moyen d'y réussir était d'éviter la présence de ce prince ; et comme son deuil lui donnait lieu d'être plus retirée que de coutume, elle se servait de ce prétexte pour n'aller plus dans les lieux où il la pouvait voir. Elle fut dans une tristesse profonde ; la mort de sa mère en paraissait la cause, et l'on n'en cherchait point d'autre. Monsieur de Nemours était désespéré de ne la voir presque plus ; et sachant qu'il ne la trouverait dans aucune assemblée et dans aucun des divertissements ou était toute la cour, il ne put se résoudre d'y paraître ; il feignait une passion grande pour la chasse, et il en fit des parties les mêmes jours qu'il y avait des assemblées chez les reines. Une légère maladie lui servait longtemps de prétexte pour demeurer chez lui, et pour éviter d'aller dans tous les lieux où il sut bien que madame de Clèves ne serait pas. Monsieur de Clèves ne prit pas garde d'abord à la conduite de sa femme : mais enfin il s'aperçut qu'elle ne voulait pas être dans sa chambre lorsqu'il y avait du monde. Il lui en parlait, et elle lui répondait qu'elle ne croyait pas que la bienséance voulût qu'elle fût tous les soirs avec ce qu'il y avait de plus jeune à la cour ; qu'elle le suppliait de trouver bon qu'elle fît une vie plus retirée qu'elle n'avait accoutumé ; que la vertu et la présence de sa mère autorisaient beaucoup de choses, qu'une femme de son âge ne pouvait soutenir. Monsieur de Clèves, qui eut naturellement beaucoup de douceur et de complaisance pour sa femme, n'en avait pas en cette occasion, et il lui dit qu'il ne voulait pas absolument qu'elle changeât de conduite. Elle était près de lui dire que le bruit fut dans le monde, que monsieur de Nemours fut amoureux d'elle ; mais elle n'avait pas la force de le nommer. Elle sentait aussi de la honte de se vouloir servir d'une fausse raison, et de déguiser la vérité à un homme qui eut si bonne opinion d'elle. Quelques jours après, le roi était chez la reine à l'heure du cercle ; l'on parlait des horoscopes et des prédictions. Les opinions étaient partagées sur la croyance que l'on y devait donner. La reine y ajouta beaucoup de foi ; elle soutenait qu'après tant de choses qui avaient été prédites, et que l'on avait vu arriver, on ne pouvait douter qu'il n'y eût quelque certitude dans cette science. D'autres soutenaient que, parmi ce nombre infini de prédictions, le peu qui se trouvaient véritables faisait bien voir que ce n'était qu'un effet du hasard.

Partie corrigée

Relevez les verbes conjugués à l'imparfait et ceux au passé simple.

Les verbes qui sont en bleu sont conjugués à l'imparfait et ceux qui sont en vert sont au passé simple, enfin ceux qui sont en rouge ne sont l'un ni l'autre que l'on étudiera plus tard.

Toutes ces différentes cabales avaient de l'émulation et de l'envie les unes contre les autres : les dames qui les composaient avaient aussi de la jalousie entre elles, ou pour la faveur, ou pour les amants ; les intérêts de grandeur et d'élévation se trouvaient souvent joints à ces autres intérêts moins importants, mais qui n'étaient pas moins sensibles. Ainsi il y avait une sorte d'agitation sans désordre dans cette cour, qui la rendait très agréable, mais aussi très dangereuse pour une jeune personne. Madame de Chartres voyait ce péril, et ne songeait qu'aux moyens d'en garantir sa fille. Elle la pria, non pas comme sa mère, mais comme son amie, de lui faire confidence de toutes les galanteries qu'on lui dirait, et elle lui promit de lui aider à se conduire dans des choses où l'on était souvent embarrassée quand on était jeune. Le chevalier de Guise fit tellement paraître les sentiments et les desseins qu'il avait pour mademoiselle de Chartres, qu'ils ne furent ignorés de personne. Il ne voyait néanmoins que de l'impossibilité dans ce qu'il désirait ; il savait bien qu'il n'était point un parti qui convînt à mademoiselle de Chartres, par le peu de biens qu'il avait pour soutenir son rang ; et il savait bien aussi que ses frères n'approuveraient pas qu'il se mariât, par la crainte de l'abaissement que les mariages des cadets apportent d'ordinaire dans les grandes maisons. Le cardinal de Lorraine lui fit bientôt voir qu'il ne se trompait pas ; il condamna l'attachement qu'il témoignait pour mademoiselle de Chartres, avec une chaleur extraordinaire ; mais il ne lui en dit pas les véritables raisons. Ce cardinal avait une haine pour le vidame, qui était secrète alors, et qui éclata depuis. Il eût plutôt consenti à voir son frère entrer dans tout autre alliance que dans celle de ce vidame ; et il déclara si publiquement combien il en était éloigné, que madame de Chartres en fut sensiblement offensée. Elle prit de grands soins de faire voir que le cardinal de

Lorraine n'avait rien à craindre, et qu'elle ne songeait pas à ce mariage. Le vidame prit la même conduite, et sentit, encore plus que madame de Chartres, celle du cardinal de Lorraine, parce qu'il en savait mieux la cause. Le prince de Clèves n'avait pas donné des marques moins publiques de sa passion, qu'avait fait le chevalier de Guise. Le duc de Nevers apprit cet attachement avec chagrin. Il crut néanmoins qu'il n'avait qu'à parler à son fils, pour le faire changer de conduite ; mais il fut bien surpris de trouver en lui le dessein formé d'épouser mademoiselle de Chartres. Il blâma ce dessein ; il s'emporta et cacha si peu son emportement, que le sujet s'en répandit bientôt à la cour, et alla jusqu'à madame de Chartres. Elle n'avait pas mis en doute que monsieur de Nevers ne regardât le mariage de sa fille comme un avantage pour son fils ; elle fut bien étonnée que la maison de Clèves et celle de Guise craignissent son alliance, au lieu de la souhaiter. Le dépit qu'elle eut lui fit penser à trouver un parti pour sa fille, qui la mît au-dessus de ceux qui se croyaient au-dessus d'elle. Après avoir tout examiné, elle s'arrêta au prince dauphin, fils du duc de Montpensier. Il était lors à marier, et c'était ce qu'il y avait de plus grand à la cour.

Les verbes surlignés en rouge seront des exemples très intéressant pour la suite, c'est pourquoi je ne vous dévoile pas tout.

N'approuveraient→ conditionnel présent

Mariât→ imparfait du subjonctif

    Le vidame, qui savait l'attachement de monsieur d'Anville pour la reine dauphine, crut néanmoins qu'il fallait employer le pouvoir que cette princesse avait sur lui, pour l'engager à servir mademoiselle de Chartres auprès du roi et auprès du prince de Montpensier, dont il était ami intime. Il en parla à cette reine, et elle entra avec joie dans une affaire où il s'agissait de l'élévation d'une personne qu'elle aimait beaucoup ; elle le témoigna au vidame, et l'assura que, quoiqu'elle sût bien qu'elle ferait une chose désagréable au cardinal de Lorraine, son oncle, elle passerait avec joie par-dessus cette considération, parce qu'elle avait sujet de se plaindre de lui, et qu'il prenait tous les jours les intérêts de la reine contre les siens propres. Les personnes galantes sont toujours bien aises qu'un prétexte leur donne lieu de parler à ceux qui les aiment. Sitôt que le vidame eut quitté madame la dauphine, elle ordonna à Châtelart, qui était favori de monsieur d'Anville, et qui savait la passion qu'il avait pour elle, de lui aller dire, de sa part, de se trouver le soir chez la reine. Châtelart reçut cette commission avec beaucoup de joie et de respect. Ce gentilhomme était d'une bonne maison de Dauphiné ; mais son mérite et son esprit le mettaient au-dessus de sa naissance. Il était reçu et bien traité de tout ce qu'il y avait de grands seigneurs à la cour, et la faveur de la maison de Montmorency l'avait particulièrement attaché à monsieur d'Anville. Il était bien fait de sa personne, adroit à toutes sortes d'exercices ; il chantait agréablement, il faisait des vers, et avait un esprit galant et passionné qui plut si fort à monsieur d'Anville, qu'il le fit confident de l'amour qu'il avait pour la reine dauphine. Cette confidence l'approchait de cette princesse, et ce fut en la voyant souvent qu'il prit le commencement de cette malheureuse passion qui lui ôta la raison, et qui lui coûta enfin la vie. Monsieur d'Anville ne manqua pas d'être le soir chez la reine ; il se trouva heureux que madame la dauphine l'eût choisi pour travailler à une chose qu'elle désirait, et il lui promit d'obéir exactement à ses ordres; mais madame de Valentinois, ayant été avertie du dessein de ce mariage, l'avait traversé avec tant de soin, et avait tellement prévenu le roi que, lorsque monsieur d'Anville lui en parla, il lui fit paraître qu'il ne l'approuvait pas, et lui ordonna même de le dire au prince de Montpensier. L'on peut juger ce que sentit madame de Chartres par la rupture d'une chose qu'elle avait tant désirée, dont le mauvais succès donnait un si grand avantage à ses ennemis, et faisait un si grand tort à sa fille.

Corrigé du long exercice sur le choix entre le passé simple et l'imparfait :

1) Ligne 32 parlait→parla
2) Ligne 51 demeurait→demeura
3) Eut→avait (54)
4) l.70 s'achevait→ s'acheva
5) l.76 trouvait→trouva
6) l.100 envoya et reçut→ envoyait et recevait
7) l.114 arrivait→arriva
8) l.131 criait→cria
9) l.143 s'élevait et commençaient → s'éleva et commencèrent
10) l.148 demandaient→demandèrent
11) l.155 fut→était
12) l.172 voyait→vit
13) l.184 fut→était
14) l.194 commençait →commença
15) l.202 parlait →parla
16) l.209 trouvait →trouva
17) l.210 pensa →pensait
18) l.213 vit →voyait
19) l.214 eut →avait
20) l.214 donnait → donna
21) l.219 arrivait →arriva
22) l. 224 faisait →fit
23) l.227 fut →était
24) l.229 faisait →fit
25) l. 233 rendit →rendait
26) l.239 entrait →entra
27) l.242 emportait→emporta
28) l.244 montrait →montra

29) l.244 n'eut →n'avait
30) l.247 voulait →voulût
31) l.266 rassemblait →rassembla
32) l.267 retournaient →retournèrent
33) l.274 mettait →mit
34) l.289 était →fut
35) l.290 croyait →crut
36) l.298 voyait →vit
37) l.315 trouvait →trouva
38) l.318 chercha →cherchait
39) l.318 sut →savait
40) l320 eut →avait
41) l.322 parut →paraissait
42) l.323 fit→faisait
43) l323 prit→ prenait
44) l. 333 recevait →reçut
45) l. 335 faisait →fit
46) l. 339 voulut →voulait
47) l.343 et 344 sembla →semblait
48) l.345 croyait→crut
49) l.349 trouvait →trouva
50) l. 351 donna →donnait
51) l 351 ne fut →n'était
52) l.354 demeura→ demeurait

53) l.358 vint →venait
54) l.359 n'eut→n'avait
55) l.362 était→fut
56) l.368 flattait→ flatta
57) l.369 songeait→ songea
58) l. 370 connut→connaissait
59) l.371 sut→savait
60) l.373 servait →servit
61) l.374 fut→était
62) l.379 put→ pouvait
63) l.380 feignait→feignit (verbe feindre)
64) l.380 fit→faisait
65) l.382 servait →servit
66) l.384 sut→ savait
67) l.387 parlait→parla
68) l.388 répondait→ répondit
69) l.393 eut→avait
70) l.395 avait→ eut
71) l.396 était→fut
72) l.397 fut→était
73) l.398 fut→était
74) l398 avait→eut
75) l.399 sentait →sentit
76) l.400 eut→avait
77) l.402 parlait→parla
78) l.404 ajouta→ajoutait
79). l.405 soutenait →soutint
80) l.407 soutinrent→soutenaient

Modal 2 : le participe

Partie 1 : le participe présent

Partie cours : Quand faut-il utiliser le participe présent ?

Le participe présent est une forme verbale qui marque une action en cours de déroulement. La règle de base pour construire le participe présent est de prendre le verbe à la première personne du pluriel de l'indicatif présent et de remplacer la terminaison -ons par -ant. De plus, le i devient un y devant le ant. (voir l'exemple du verbe avoir).

Exemple:

1) Avoir, ayant
2) être, étant
3) chanter chantant
4) finir finissant
5) pourvoir pouvant
6) réfléchir réfléchissant
7) rédiger rédigeant
8) répondre répondant
9) apprendre apprenant
10) laver lavant
11) ignorer ignorant
12) marcher marchant

Partie exercice :

1) Comment se forme le participe présent ?

2) Quand utiliser le participe présent ? La correction est dans la partie cours.

3) Mettez ces verbes au participe présent :

Certains verbes n'ont pas de participe présent. :

1) être
2) avoir
3) faire
4) dire
5) pouvoir 6) aller 7) voir

8) savoir 9) vouloir 10) venir
11) falloir 12) devoir 13) croire
14) trouver 15) donner 16) prendre
17) parler 18) aimer 19) passer 20) mettre
21) demander 22) tenir 23) sembler
24) laisser 25) rester 26) penser 27) entendre
28) regarder 29) répondre 30) rendre
31) connaître 32) paraître 33) arriver
34) sentir 35) attendre 36) vivre
37) chercher 38) sortir 39) comprendre
40 entrer 41) devenir 42) porter 43) revenir
44) écrire 45) appeler 46) tomber
47) reprendre 48) commencer 49) suivre
50) montrer.

Partie correction :

1) étant
2) ayant
3) faisant
4) disant
5) pouvant
6) allant
7) voyant
8) savant
9) voulant
10) venant
11) pas de participe présent
12) devant
13) croyant
14) trouvant
15) donnant
16) prenant
17) parlant
18) aimant
19) passant
20) mettant
21) demandant
22) tenant
23) semblant
24) laissant
25) restant
26) pensant
27) entendant 28) regardant 29) répondant

30) rendant 31) connaissant 32) paraissant

33) arrivant 34) sentant 35) attendant 36) vivant

37) cherchant 38) sortant 39) comprenant

40) entrant 41) devenant 42) portant

43) revenant 44) écrivant 45) appelant 46) tombant 47) reprenant 48) commençant   49) suivant 50) montrant

Partie 2 : le participe passé

Partie cours :

Le participe passé est plus important à maîtriser que le participe présent car c'est grâce à ce temps que les temps composés se forment. Effectivement, les temps composés se composent de deux éléments : l'auxiliaire être **ou** avoir + le participe passé.

Le participe passé est donc souvent utilisé dans la langue française, notamment pour employer le passé composé.

Comment se forme-t-il ?

Terminaisons du participe passé	1er groupe		2ème groupe	
Masculin singulier	é	aimé	i	fini
Masculin pluriel	és	aimés	is	finis
Féminin singulier	ée	aimée	ie	finie

Féminin pluriel	ées	aimées	ies	finies

Attention : les verbes du 3 ème groupes ont 3 modèles de terminaisons.

3ème groupe	Modèle 1		Modèle 2		Modèle 3	
Masculin singulier	-s	pris	-	suivi/cuit /vu/fait	-us	absous
Masculin pluriel	-s	pris	-s	suivis/cuits/ vus/faits	-us	absous
Féminin singulier	-se	prise	-e	suivie/cuite/ vue/faite	-ute	absoute
Féminin pluriel	-ses	prises	-es	suivies/cuites vues/faites	-utes	absoutes

Partie exercice :

1) Comment se forment les verbes du 1er groupe au participe passé au masculin singulier, masculin pluriel, le féminin singulier et le féminin pluriel ?

2) Comment se forment les verbes du 2nd groupe au participe passé au masculin singulier, masculin pluriel, le féminin singulier et le féminin pluriel ?

3) Comment se forment les verbes du 3ème groupe au participe passé au masculin singulier, masculin pluriel, le féminin singulier et le féminin pluriel dans le 1er modèle ? le 2nd ? et le 3ème ?

4) Conjuguez au participe passé ces verbes : aimer, finir, prendre, faire et absoudre ?

5) Mettez ces 91 verbes au participe passé :

1. Être 2. Avoir 3. Faire 4. Dire 5. Pouvoir 6. Aller 7. Voir 8. Savoir 9. Vouloir 10 venir 11. Falloir 12. Devoir 13. Croire 14. Prendre 15. Mettre 16. Tenir 17. Entendre 18. Répondre 19. Rendre 20. Connaître 21. Paraître 22. Sentir 23. Attendre 24. Vivre 25. Sentir 26. Comprendre 27. Devenir 28. Retenir 29. Écrire 30. Reprendre 31. Suivre 32. Partir 33. Mourir 34. Ouvrir 35. Lire 36. Servir 37. Recevoir 38. Perdre 39. Sourire 40. Apercevoir 41. Reconnaître 42. Descendre 43. Courir 44. Permettre 45. Offrir 46. Apprendre 47. Souffrir 48. Trouver 51. Donner 52. Parler 53. Aimer 54. Passer 55. Demander 56. Sembler 57. Laisser 58. Rester 59. Penser 60. Regarder 61. Arriver 62. Chercher 63. Porter 64. Entrer 65. Appeler 66. Tomber 67. Commencer 68. Montrer 69. Arrêter 70. Jeter 71. Monter 72. Se Lever 73. Écouter 74. Continuer 75. Ajouter 76. Jouer 77. Marcher 78. Garder 79. Manquer 80. Retrouver 81. Rappeler 81. Quitter 82. Tourner 83. Crier 84. Songer 85. Se Présenter 86. Exister 87. Envoyer 88. Expliquer 89. Manger 90. Finir 91. Agir

Partie de correction :

1) été
2) eu
3) fait
4) dit
5) put
6) allé
7) vu 8) su
9) voulu 10) vu
11) fallu 12) dû
13) cru 14) pris
15) mis 16) tint
17) entendu 18) rendu
19) rendu 20) connu
21) paru 22) sentis
23) attendu 24) vécu
25) sentis 26) compris
27) devenu 28) retenu
29) écrit 30) repris
31) suivi 32) parti
33) mort 34) ouvert
35) lu 36) servi
37) reçu 38) perdu
39) souri 40) aperçu
41) aperçu 42) descendu
43) couru 44) permis
45) offert 46) appris
47) souffert 48) trouvé
51) donné 52) parlé
53) aimé 54) passé
55) demandé 56) semblé
57) laissé 58) resté
59) pensé 60) regardé
61) arrivé 62) cherché
63) porté 64) entré
65) appelé 66) tombé

67) commencé 68) montré
69) arrêté 70) jeté
71) monté 72) levé
73) écouté 74) continué
75) ajouté 76) joué
77) marché 78) gardé
79) manipulé 80) rappeler
81) quitté 82) tourné
83) crié 84) songé
85) présenté 86) existé
87) envoyé 88) expliqué
89) mangé 90) fini
91) agi.

Module 1 : l'indicatif

Partie 2 : les temps composés

Partie 2.1: le passé composé

Partie cours sur les temps composés :

Sachez que chaque temps simple à son temps composé qui lui correspond. Ce qui nous donne le tableau suivant :

Temps simples	Temps composés
présent	Passé composé
futur	Futur antérieur
passé simple	Passé antérieur
imparfait	Plus-que-parfait

Les temps composés sont formés à l'aide de l'auxiliaire être ou avoir et du participe passé. (voir le cours et les exercices vu précédemment).

Ils ont une valeur d'antériorité, c'est-à-dire que si le temps composé est mis en relation avec son temps simple, **il indique une antériorité**, c'est-à-dire **un fait qui s'est déroulé avant** celui indiqué par le temps simple.

Ils ont aussi une valeur de l'accompli. En effet, le temps composé évoque un **fait ou procès qui est accompli ou achevé.**

Partie cours sur le passé composé :

Le passé composé se forment de l'auxiliaire être ou avoir et du participe passé. Les auxiliaires sont au présent simple.

Voici les verbes être et avoir au présent simple :

Être, je suis, tu es, il est nous sommes vous êtes ils sont.

Avoir, j'ai tu as il a nous avons vous avez ils ont.

Normalement, vous savez comment on forme le participe passé. Ainsi, cela ne devrait pas être difficile.

Partie exercice :

1) Comment se forme le passé composé ?

2) Conjuguez ces 90 verbes au passé composé à la 1ère personne du singulier :

Exemple apprendre : j'ai appris.

1. Être 2. Avoir 3. Faire 4. Dire 5. Pouvoir 6. Aller 7. Voir 8. Savoir 9. Vouloir 10 venir 11. Falloir 12. Devoir 13. Croire 14. Prendre 15. Mettre 16. Tenir 17. Entendre 18. Répondre 19. Rendre 20. Connaître 21. Paraître 22. Sentir 23. Attendre 24. Vivre 25. Sentir 26. Comprendre 27. Devenir 28. Retenir 29. Écrire 30. Reprendre 31. Suivre 32. Partir 33. Mourir 34. Ouvrir 35. Lire 36. Servir 37. Recevoir 38. Perdre 39. Sourire 40. Apercevoir 41. Reconnaître 42. Descendre 43. Courir 44. Permettre 45. Offrir 46. Apprendre 47. Souffrir 48. Trouver 49. Donner 50. Parler 51. Aimer 52. Passer 53. Demander 54. Sembler 55. Laisser 56. Rester 57. Penser 58. Regarder 59. Arriver 60. Chercher 61. Porter 62. Entrer 63. Appeler 64. Tomber 65. Commencer 66. Montrer 67. Arrêter 68. Jeter 69. Monter 70. Se Lever 71. Écouter 72. Continuer 73. Ajouter 74. Jouer 75. Marcher 76. Garder 77. Manquer 78. Retrouver 79. Rappeler 80. Quitter 81. Tourner 82. Crier 83. Songer 84. Se Présenter 85. Exister 86. Envoyer 87. Expliquer 88. Manger 89. Finir 90. Agir

Partie corrigée :

1) j'ai été
2) j'ai eu
3) j'ai fait
4) j'ai dit
5) j'ai pu
6) je suis allé
7) j'ai vu
8) j'ai su
9) j'ai voulu
10) je suis venu
11) il fallut (la 1ère personne n'existe pas)
12) j'ai dû
13) j'ai cru
14) j'ai pris
15) j'ai mis
16) j'ai tenu
17) j'ai entendu
18) j'ai répondu
19) j'ai rendu
20) j'ai connu
21) j'ai paru
22) j'ai senti
23) j'ai attendu

24) j'ai vécu
25) j'ai senti
26) j'ai compris
27) je suis devenu
28) j'ai retenu
29) j'ai écrit
30) j'ai repris
31) j'ai suivi
32) je suis parti
33) je suis mort
34) j'ai ouvert
35) j'ai lu
36) j'ai servi
37) j'ai reçu
38) j'ai perdu
39) j'ai souri
40) j'ai aperçu
41) j'ai reconnu
42) je suis descendu
43) j'ai couru
44) j'ai permis
45) j'ai offert
46) j'ai appris
47) j'ai souffert
48) j'ai trouvé
49) j'ai donné
50) j'ai parlé
51) j'ai aimé
52) je suis passé
53) j'ai demandé
54) j'ai semblé
55) j'ai laissé
56) je suis resté
57) j'ai pensé
58) j'ai regardé
59) je suis arrivé

60) j'ai cherché
61) j'ai porté
62) je suis entré
63) j'ai appelé
64) je suis tombé
65) j'ai commencé
66) j'ai montré
67) j'ai arrêté
68) j'ai jeté
69) je suis monté
70) je me suis levé
71) j'ai écouté
72) j'ai continué
73) j'ai ajouté
74) j'ai joué
75) j'ai marché
76) j'ai gardé
77) j'ai manqué
78) j'ai retrouvé
79) j'ai rappelé
80) j'ai quitté
81) j'ai tourné
82) j'ai crié
83) j'ai songé
84) je me suis présenté
85) j'ai existé
86) j'ai envoyé
87) j'ai expliqué
88) j'ai mangé
89) j'ai fini
90) j'ai agi

Partie 2.2: le futur antérieur

Partie cours

   Normalement vous commencez à comprendre comment fonctionne la conjugaison française. Le futur antérieur est l'action passé du futur simple que nous avons vu en page 13. La forme de l'auxiliaire (être ou avoir) est au futur. Même si vous ne comprenez pas quand utilisé le futur antérieur, vous êtes capable sans voir le cours de conjuguez le verbe chanter. Je vous rappelle que le futur antérieur comme tous les temps composés ont deux composants : l'auxiliaire et le participe passé. Seul le temps de l'auxiliaire change. Au passé composé il est au présent, au futur antérieur au futur, au passé antérieur au passé simple et enfin au plus-que-parfait il est à l'imparfait. Étant donné que vous savez conjugué les verbes être et avoir aux temps simples, et le participe passé de n'importe quel verbe vous êtes capable de faire tous les temps composés d'un coup.

   Pour ceux qui ont oublié ces informations je vous renvoie aux pages suivantes :

   Présent : 9
   Futur : 17
   Passé simple : 24
   Imparfait : 34

Voici comment on se forme le futur antérieur :

Auxiliaire au futur (voir page 17) + participe passé

Conjuguez le verbe chanter, correction en page 68.

Exemple : apprendre

J'aurais appris	Tu aurais appris	Il aurait appris	Nous aurons appris	Vous aurez appris	Ils auront appris	Verbe apprendre

66

Correction :

J'aurais chanté
Tu aurais chanté
Il aurait chanté
Vous aurez chanté
Ils auront chanté

Partie exercice :

<u>Conjugué ces verbes au futur antérieur à la 3ème personne du pluriel :</u>

1. Être 2. Avoir 3. Faire 4. Dire 5. Pouvoir 6. Aller 7. Voir 8. Savoir 9. Vouloir 10 venir 11. Falloir 12. Devoir 13. Croire 14. Prendre 15. Mettre 16. Tenir 17. Entendre 18. Répondre 19. Rendre 20. Connaître 21. Paraître 22. Sentir 23. Attendre 24. Vivre 25. Sentir 26. Comprendre 27. Devenir 28. Retenir 29. Écrire 30. Reprendre 31. Suivre 32. Partir 33. Mourir 34. Ouvrir 35. Lire 36. Servir 37. Recevoir 38. Perdre 39. Sourire 40. Apercevoir 41. Reconnaître 42. Descendre 43. Courir 44. Permettre 45. Offrir 46. Apprendre 47. Souffrir 48. Trouver 49. Donner 50. Parler 51. Aimer 52. Passer 53. Demander 54. Sembler 55. Laisser 56. Rester 57. Penser 58. Regarder 59. Arriver 60. Chercher 61. Porter 62. Entrer 63. Appeler 64. Tomber 65. Commencer 66. Montrer 67. Arrêter 68. Jeter 69. Monter 70. Se Lever 71. Écouter 72. Continuer 73. Ajouter 74. Jouer 75. Marcher 76. Garder 77. Manquer 78. Retrouver 79. Rappeler 80. Quitter 81. Tourner 82. Crier 83. Songer 84. Se Présenter 85. Exister 86. Envoyer 87. Expliquer 88. Manger 89. Finir 90. Agir

Partie correction :

C'est comme le passé composé mais vous mettez l'auxiliaire au futur.

1) ils auront été 2) ils auront eu 3) ils auront fait

4) ils auront dit 5) ils auront pu 6) ils seront allés

7) ils auront vu 8) ils auront su 9) ils auront voulu

10) ils seront venus 11) il fallut (la 1ère personne n'existe pas)

12) ils auront du 13) ils auront cru 14) ils auront pris 15) ils auront mis

16) ils auront tenu 17) ils auront entendu 18) ils auront répondu

19) ils auront rendu 20) ils auront connu 21) ils auront paru 22) ils auront senti

23) ils auront attendu 24) ils auront vécu 25) ils auront senti

26) ils auront compris 27) ils seront devenus 28) ils auront retenu

29) ils auront écrit 30) ils auront repris 31) ils auront suivi

32) ils seront partis 33) ils seront morts 34) ils auront ouvert

35) ils auront lu 36) ils auront servi 37) ils auront reçu

38) ils auront perdu 39) ils auront souri 40) ils auront aperçu

41) ils auront reconnu 42) ils seront descendus 43) ils auront couru

44) ils auront permis 45) ils auront offert 46) ils auront appris

47) ils auront souffert 48) ils auront trouvé 49) ils auront donné

50) ils auront parlé 51) ils auront aimé 52) ils seront passés

53) ils auront demandé 54) ils auront semblé 55) ils auront laissé

56) ils seront resté 57) ils auront pensé 58) ils auront regardé

59) ils seront arrivés 60) ils auront cherché 61) ils auront porté

62) ils seront entrés 63) ils auront appelé 64) ils seront tombés

65) ils auront commencé 66) ils auront montré 67) ils auront arrêté

68) ils auront jeté 69) ils seront montés 70) Ils se seront levés

71) ils auront écouté 72) ils auront continué 73) ils auront ajouté

74) ils auront joué 75) ils auront marché 76) ils auront gardé

77) ils auront manqué 78) ils auront retrouvé 79) ils auront rappelé

80) ils auront quitté 81) ils auront tourné 82) ils auront crié

83) ils auront songé 84) Ils se seront présentés 85) ils auront existé

86) ils auront envoyé 87) ils auront expliqué 88) ils auront mangé 89) ils auront fini 90) ils auront agi

Partie 2.3: le passé antérieur

Partie cours :

Il a deux composante l'auxiliaire **(au passé simple)** et le participe passé. Si vous ne savez pas le passé simple des verbes être et avoir allez en page 24 et si vous ne savez pas utiliser le participe passé allez en page 59. Enfin, si vous avez appris tout ça, les temps composés vous semblent très faciles à conjuguer. Vous méritez un compliment mais avant ayez juste à la partie exercice.

Je vous donne un exemple : le verbe apprendre

J'eus appris
Tu eus appris
Il eut appris
Nous eûmes appris
Vous eûtes appris
Ils eurent appris

Vous savez ce qui vous reste à faire. Conjuguez les 90 verbes en partie exercice !

Partie exercice

1) Comment se forme le passé antérieur ?

2) Conjuguez ces 90 verbes au passé simple à la 1ère personne du pluriel.

1. Être 2. Avoir 3. Faire 4. Dire 5. Pouvoir 6. Aller 7. Voir 8. Savoir 9. Vouloir 10 venir 11. Falloir 12. Devoir 13. Croire 14. Prendre 15. Mettre 16. Tenir 17. Entendre 18. Répondre 19. Rendre 20. Connaître 21. Paraître 22. Sentir 23. Attendre 24. Vivre 25. Sentir 26. Comprendre 27. Devenir 28. Retenir 29. Écrire 30. Reprendre 31. Suivre 32. Partir 33. Mourir 34. Ouvrir 35. Lire 36. Servir 37. Recevoir 38. Perdre 39. Sourire 40. Apercevoir 41. Reconnaître 42. Descendre 43. Courir 44. Permettre 45. Offrir 46. Apprendre 47. Souffrir 48. Trouver 49. Donner 50. Parler 51. Aimer 52. Passer 53. Demander 54. Sembler 55. Laisser 56. Rester 57. Penser 58. Regarder 59. Arriver 60. Chercher 61. Porter 62. Entrer 63. Appeler 64. Tomber 65. Commencer 66. Montrer 67. Arrêter 68. Jeter 69. Monter 70. Se Lever 71. Écouter 72. Continuer 73. Ajouter 74. Jouer 75. Marcher 76. Garder 77. Manquer 78. Retrouver 79. Rappeler 80. Quitter 81. Tourner 82. Crier 83. Songer 84. Se Présenter 85. Exister 86. Envoyer 87. Expliquer 88. Manger 89. Finir 90. Agir

Partie corrigée :

C'est comme le passé composé mais vous mettez l'auxiliaire au passé simple.

1) Nous eûmes été 2) Nous eûmes eu 3) Nous eûmes fait

4) Nous eûmes dit 5) Nous eûmes pu 6) ils seront allés

7) Nous eûmes vu 8) Nous eûmes su 9) Nous eûmes voulu

10) nous fûmes venus 11) il fallut (la 1ère personne n'existe pas)

12) Nous eûmes du 13) Nous eûmes cru 14) Nous eûmes pris

15) Nous eûmes mis 16) Nous eûmes tenu 17) Nous eûmes entendu

18) Nous eûmes répondu 19) Nous eûmes rendu 20) Nous eûmes connu

21) Nous eûmes paru 22) Nous eûmes senti 23) Nous eûmes attendu

24) Nous eûmes vécu 25) Nous eûmes senti 26) Nous eûmes compris
27) nous fûmes devenus 28) Nous eûmes retenu 29) Nous eûmes écrit
30) Nous eûmes repris 31) Nous eûmes suivi 32) nous fûmes partis
33) nous fûmes morts 34) Nous eûmes ouvert 35) Nous eûmes lu
36) Nous eûmes servi 37) Nous eûmes reçu 38) Nous eûmes perdu
39) Nous eûmes souri 40) Nous eûmes aperçu 41) Nous eûmes reconnu
42) nous fûmes descendus 43) Nous eûmes couru 44) Nous eûmes permis
45) Nous eûmes offert 46) Nous eûmes appris 47) Nous eûmes souffert
48) Nous eûmes trouvé 49) Nous eûmes donné 50) Nous eûmes parlé
51) Nous eûmes aimé 52) nous fûmes passés 53) Nous eûmes demandé
54) Nous eûmes semblé 55) Nous eûmes laissé 56) nous fûmes restés
57) Nous eûmes pensé 58) Nous eûmes regardé 59) nous fûmes arrivés
60) Nous eûmes cherché 61) Nous eûmes porté 62) nous fûmes entrés
63) Nous eûmes appelé 64) nous fûmes tombés 65) Nous eûmes commencé
66) Nous eûmes montré 67) Nous eûmes arrêté 68) ils auront jeté
69) ils seront montés 70) Nous nous fûmes levés

71) Nous eûmes écouté 72) Nous eûmes continué 73) Nous eûmes ajouté

74) Nous eûmes joué 75) Nous eûmes marché 76) Nous eûmes gardé

77) Nous eûmes manqué 78) Nous eûmes retrouvé 79) Nous eûmes rappelé

80) Nous eûmes quitté 81) Nous eûmes tourné 82) Nous eûmes crié

83) Nous eûmes songé 84) nous nous fûmes présentés 85) Nous eûmes existé

86) Nous eûmes envoyé 87) Nous eûmes expliqué 88) Nous eûmes mangé

89) Nous eûmes fini 90) Nous eûmes agi

2.4 le plus-que-parfait

Partie cours

Vous connaissez la chanson. L'auxiliaire est à l'imparfait.

Le plus-que-parfait se composent de l'auxiliaire être ou avoir à l'imparfait et du participe passé du verbe.

Je vous donne un exemple :

Apprendre

J'avais appris
Tu avais appris
Il avait appris
Nous avions appris
Vous aviez appris
Ils avaient appris

Partie exercice :

1) Comment se forme le plus-que-parfait ?

2) Conjuguez à la 2ème personne du singulier ces 90 verbes au plus-que-parfait.

1. Être 2. Avoir 3. Faire 4. Dire 5. Pouvoir 6. Aller 7. Voir 8. Savoir 9. Vouloir 10 venir 11. Falloir 12. Devoir 13. Croire 14. Prendre 15. Mettre 16. Tenir 17. Entendre 18. Répondre 19. Rendre 20. Connaître 21. Paraître 22. Sentir 23. Attendre 24. Vivre 25. Sentir 26. Comprendre 27. Devenir 28. Retenir 29. Écrire 30. Reprendre 31. Suivre 32. Partir 33. Mourir 34. Ouvrir 35. Lire 36. Servir 37. Recevoir 38. Perdre 39. Sourire 40. Apercevoir 41. Reconnaître 42. Descendre 43. Courir 44. Permettre 45. Offrir 46. Apprendre 47. Souffrir 48. Trouver 49. Donner 50. Parler 51. Aimer 52. Passer 53. Demander 54. Sembler 55. Laisser 56. Rester 57. Penser 58. Regarder 59. Arriver 60. Chercher 61. Porter 62. Entrer 63. Appeler 64. Tomber 65. Commencer 66. Montrer 67. Arrêter 68. Jeter 69. Monter 70. Se Lever 71. Écouter 72. Continuer 73. Ajouter 74. Jouer 75. Marcher 76. Garder 77. Manquer 78. Retrouver 79. Rappeler 80. Quitter 81. Tourner 82. Crier 83. Songer 84. Se Présenter 85. Exister 86. Envoyer 87. Expliquer 88. Manger 89. Finir 90. Agir

Partie de correction :

C'est comme le passé composé mais vous mettez l'auxiliaire à l'imparfait.

1) Tu avais été 2) Tu avais eu 3) Tu avais fait 4) Tu avais dit

5) Tu avais pu 6) Tu étais allé 7) Tu avais vu 8) Tu avais su

9) Tu avais voulu 10) Tu étais venu 11) il fallut (la 1ère personne n'existe pas)

12) Tu avais du 13) Tu avais cru 14) Tu avais pris 15) Tu avais mis

16) Tu avais tenu 17) Tu avais entendu 18) Tu avais répondu

19) Tu avais rendu 20) Tu avais connu 21) Tu avais paru 22) Tu avais senti

23) Tu avais attendu 24) Tu avais vécu 25) Tu avais senti

26) Tu avais compris 27) Tu étais devenu 28) Tu avais retenu

29) Tu avais écrit 30) Tu avais repris 31) Tu avais suivi

32) Tu étais parti 33) Tu étais mort 34) Tu avais ouvert

35) Tu avais lu 36) Tu avais servi 37) Tu avais reçu

38) Tu avais perdu 39) Tu avais souri 40) Tu avais aperçu

41) Tu avais reconnu 42) Tu étais descendu 43) Tu avais couru

44) Tu avais permis 45) Tu avais offert 46) Tu avais appris

47) Tu avais souffert 48) Tu avais trouvé 49) Tu avais donné

50) Tu avais parlé 51) Tu avais aimé 52) Tu étais passé

53) Tu avais demandé 54) Tu avais semblé 55) Tu avais laissé

56) Tu étais resté 57) Tu avais pensé 58) Tu avais regardé

59) Tu étais arrivé 60) Tu avais cherché 61) Tu avais porté

62) Tu étais entré 63) Tu avais appelé 64) Tu étais tombé

65) Tu avais commencé 66) Tu avais montré 67) Tu avais arrêté

68) Tu avais jeté 69) Tu étais monté 70) tu t'étais levé

71) Tu avais écouté 72) Tu avais continué 73) Tu avais ajouté

74) Tu avais joué 75) Tu avais marché 76) Tu avais gardé

77) Tu avais manqué 78) Tu avais retrouvé 79) Tu avais rappelé

80) Tu avais quitté 81) Tu avais tourné 82) Tu avais crié

83) Tu avais songé 84) nous nous fûmes présentés 85) Tu avais existé

86) Tu avais envoyé 87) Tu avais expliqué 88) Tu avais mangé

89) Tu avais fini 90) Tu avais agi

Modal 3 : le conditionnel

Partie 1 : le conditionnel présent

Partie cours : Quand utiliser le conditionnel ?

En français on utilise le conditionnel pour exprimer comme son nom l'indique une condition. On l'utilise aussi pour exprimer la politesse, un conseil, une suggestion, un reproche, un souhait, une information non confirmée ou un fait imaginaire.

Comment conjuguer un verbe au conditionnel ?

C'est un mélange entre deux temps : le futur, et l'imparfait, plus précisément, les verbes ont le même radical qu'au futur mais ils ont les terminaisons de l'imparfait. Je vous laisse avec des exemples pour mieux comprendre la notion.

Voici un tableau avec des exemples de verbes conjugués au conditionnel :

	singulier	Pluriel
1ère personne	J'aurais	Nous aurions
2ème personne	Tu aurais	Vous auriez
3ème personne	Il aurait	Ils auraient

Chanter

je chanter**ais**
tu chanter**ais**
il/elle chanter**ait**
nous chanter**ions**
vous chanter**iez**
ils/elles chanter**aient**

Finir

je fin**irais**
tu fin**irais**
il/elle fin**irait**
nous fin**irions**
vous fin**iriez**
ils/elles fin**iraient**

Aller

j' **irais**
tu **irais**
il/elle **irait**
nous **irions**
vous **iriez**
ils/elles **iraient**

Venir

je **viendrais**
tu **viendrais**
il/elle **viendrait**
nous **viendrions**
vous **viendriez**
ils/elles **viendraient**

Faire

je	fe**rais**
tu	fe**rais**
il/elle	fe**rait**
nous	fe**rions**
vous	fe**riez**
ils/elles	fe**raient**

Voir

je	ve**rrais**
tu	ve**rrais**
il/elle	ve**rrait**
nous	ve**rrions**
vous	ve**rriez**
ils/elles	ve**rraient**

Prendre

je	pre**ndrais**
tu	pre**ndrais**
il/elle	pre**ndrait**
nous	pre**ndrions**
vous	pre**ndriez**
ils/elles	pre**ndraient**

Attention à ces trois verbes :

payer: je paierais
essuyer: tu essuierais
nettoyer : il nettoierait

Les verbes irréguliers

Aller - nous irions/ **Avoir** - vous auriez/ **Courir** - elles courraient **Devoir** - je devrais/ **Envoyer** - tu enverrais/ **Être** - elle serait **Mourir** - vous mourriez/ **Pouvoir** - ils pourraient / **Recevoir** - je recevrais **Savoir** - tu saurais/ **Tenir** - on tiendrait/ **Valoir** - nous vaudrions **Venir** - vous viendriez/ **Voir** - elles verraient / **Vouloir** - je voudrais **Falloir** - il faudrait/ **Pleuvoir** - il pleuvrait/ **Faire** - nous ferions

Partie exercice :

1) Comment se forme le conditionnel ?

2) Quand le conditionnel est-il utilisé ?

3) Conjuguez ces verbes à la 3ème personne du singulier au conditionnel :

Si la liste est moins longue qu'aux chapitres précédant, c'est pour offrir une pause aux personnes qui en ont besoin.

1) être, 2) avoir ,3) chanter, 4) finir, 5) aller, 6) venir, 7) faire, 8) voir, 9) prendre, 10) payer, 11) essuyer, 12) nettoyer, 13) devoir, 14) envoyer, 15) mourir, 16) savoir, 17) falloir, 18) pleuvoir (la correction est dans le cours). (Connaissez le verbe être et avoir au conditionnel présent)

Puis, conjuguez ces verbes au futur simple, et enfin au futur antérieur.

Partie de correction :

	Conditionnel	futur	Futur antérieur
1)	**Il serait**	Il sera	Il aura été
2)	**Il aurait**	Il aura	Il aura eu
3)	**Il chanterait**	Il chantera	Il aura chanté
4)	**Il finirait**	Il finira	Il aura fini
5)	**Il irait**	Il ira	Il sera allé
6)	**Il viendrait**	Il viendra	Il sera venu
7)	**Il ferait**	Il fera	Il aura fait
8)	**Il verrait**	Il viendra	Il sera venu
9)	**Il prendrait**	Il prendra	Il aura pris
10)	**Il paierait**	Il paiera	Il aura payé
11)	**Il essuierait**	Il essuiera	Il aura essuyé
12)	**Il nettoierait**	Il nettoiera	Il aura nettoyé
13)	**Il devrait**	Il devra	Il aura dû
14)	**Il enverrait**	Il enverra	Il aura envoyé
15)	**Il mourrait**	Il mourra	Il sera mort
16)	**Il savait**	Il saura	Il aura su
17)	**Il faudrait**	Il faudra	Il aura fallu
18)	**Il pleuvrait**	Il pleuvra	Il aura plu

Partie 2.1: le conditionnel passé première forme

Partie cours :

Voici une équation qui vous explique comment se forme le conditionnel passé première forme :

Conditionnel passé première forme= auxiliaire être et avoir+ participe passé

On l'utilise pour indiquer qu'un fait aurait eu lieu dans le passé si une ou plusieurs conditions avaient été remplies. On peut aussi l'utiliser pour relater un fait qui demande à être vérifié.

Comme vous le constatez, le participe passé est très important. Si vous rencontrez des difficultés avec cette notion, révisez-la. Elle est abordée en page 59. Si vous connaissez votre verbe être et avoir au conditionnel présent et le participe passé.

Voici un exemple :

Apprendre :

j'aurais appris
tu aurais appris
il aurait appris
nous aurions appris
vous auriez appris
ils auraient appris

Partie exercice :

1) Comment se forme le conditionnel passé première forme ?

2) Quand le conditionnel est-il utilisé ?

3) Conjuguez ces verbes à la 3ème personne du singulier au conditionnel :

1. Être 2. Avoir 3. Faire 4. Dire 5. Pouvoir 6. Aller 7. Voir 8. Savoir 9. Vouloir 10 venir 11. Falloir 12. Devoir 13. Croire 14. Prendre 15. Mettre 16. Tenir 17. Entendre 18. Répondre 19. Rendre 20. Connaître 21. Paraître 22. Sentir 23. Attendre 24. Vivre 25. Sentir 26. Comprendre 27. Devenir 28. Retenir 29. Écrire 30. Reprendre 31. Suivre 32. Partir 33. Mourir 34. Ouvrir 35. Lire 36. Servir 37. Recevoir 38. Perdre 39. Sourire 40. Apercevoir 41. Reconnaître 42. Descendre 43. Courir 44. Permettre 45. Offrir 46. Apprendre 47. Souffrir 48. Trouver 49. Donner 50. Parler 51. Aimer 52. Passer 53. Demander 54. Sembler 55. Laisser 56. Rester 57. Penser 58. Regarder 59. Arriver 60. Chercher 61. Porter 62. Entrer 63. Appeler 64. Tomber 65. Commencer 66. Montrer 67. Arrêter 68. Jeter 69. Monter 70. Se Lever 71. Écouter 72. Continuer 73. Ajouter 74. Jouer 75. Marcher 76. Garder 77. Manquer 78. Retrouver 79. Rappeler 80. Quitter 81. Tourner 82. Crier 83. Songer 84. Se Présenter 85. Exister 86. Envoyer 87. Expliquer 88. Manger 89. Finir 90. Agir

Partie corrigée :

1) il aurait été
2) il aurait eu
3) il aurait fait
4) il aurait dit
5) il aurait pu
6) il serait allé
7) il aurait vu
8) il aurait su
9) il aurait voulu
10) il serait venu
11) il fallut (la 1ère personne n'existe pas)
12) il aurait dû
13) il aurait cru
14) il aurait pris
15) il aurait mis
16) il aurait tenu
17) il aurait entendu
18) il aurait répondu
19) il aurait rendu
20) il aurait connu
21) il aurait paru
22) il aurait senti
23) il aurait attendu

24) il aurait vécu 25) il aurait senti 26) il aurait compris

27) il serait devenu 28) il aurait retenu 29) il aurait écrit

30) il aurait repris 31) il aurait suivi 32) il serait parti

33) il serait mort 34) il aurait ouvert 35) il aurait lu

36) il aurait servi 37) il aurait reçu 38) il aurait perdu

39) il aurait souri 40) il aurait aperçu 41) il aurait reconnu

42) il serait descendu 43) il aurait couru 44) il aurait permis

45) il aurait offert 46) il aurait appris 47) il aurait souffert

48) il aurait trouvé 49) il aurait donné 50) il aurait parlé

51) il aurait aimé 52) il serait passé 53) il aurait demandé

54) il aurait semblé 55) il aurait laissé 56) il serait resté

57) il aurait pensé 58) il aurait regardé 59) il serait arrivé

60) il aurait cherché 61) il aurait porté 62) il serait entré

63) il aurait appelé 64) il serait tombé 65) il aurait commencé

66) il aurait montré 67) il aurait arrêté 68) il aurait jeté

69) il serait monté 70) il se serait levé 71) il aurait écouté

72) il aurait continué 73) il aurait ajouté 74) il aurait joué

75) il aurait marché 76) il aurait gardé 77) il aurait manqué

78) il aurait retrouvé 79) il aurait rappelé 80) il aurait quitté

81) il aurait tourné 82) il aurait crié 83) il aurait songé

84) il se serait présenté 85) il aurait existé 86) il aurait envoyé

87) il aurait expliqué 88) il aurait mangé 89) il aurait fini

90) il aurait agi

Partie 2.2 : le conditionnel passé deuxième forme

Partie cours :

Ce temps est utilisé dans la langue littéraire. On appel autrement ce temps le plus-que-parfait du subjonctif mais il y a devant le verbe la préposition « que » (à ne surtout pas confondre avec le plus-que-parfait de l'indicatif).

Voici un tableau qui vous indique comment se forme ce temps :

Attention : Les verbes du 3ème groupe ont 2 modèles de terminaisons.

Voici comment on conjugue l'auxiliaire être et avoir à l'imparfait du subjonctif. Effectivement, le conditionnel passé deuxième forme se compose de l'auxiliaire être ou avoir à l'imparfait du subjonctif et du participe passé conjugué (c'est-à-dire qu'il s'accorde en genre et en nombre) :

être	avoir
Fusse	J'eusse
Fusses	Tu eusses
Fût	eût
Fussions	eussions
Fussiez	eussiez
fussent	eussent

Exemple avec le verbe

aller :

je fusse allé
tu fusses allé
il fût allé
nous fussions allés
vous fussiez allés
ils fussent allés

Partie exercice:

1) Quelles sont les terminaisons des verbes du 1er groupe au conditionnel passé seconde forme?

2) Conjuguez ces verbes : aimer, finir, courir, prendre.

3) Quand utilisons-nous ce temps ? La correction est dans le cours.

4) Conjuguez ces dix verbes à toutes les personnes au conditionnel passé deuxième forme :

a) être,
b) avoir,
c) écrire,
d) apprendre,
e) réfléchir,
f) concevoir,
g) imprimer,
h) publier,
i) feuilleter
j) marquer.

Partie de correction :

1) j'eusse été
tu eusses été
il eût été
nous eussions été
vous eussiez été
ils eussent été

2) j'eusse eu
tu eusses eu
il eût eu
nous eussions eu
vous eussiez eu
ils eussent eu

3) j'eusse écrit
tu eusses écrit
il eût écrit
nous eussions écrit
vous eussiez écrit
ils eussent écrit

4) j'eusse appris
tu eusses appris
il eût appris
nous eussions appris
vous eussiez appris
ils eussent appris

5) j'eusse réfléchi
tu eusses réfléchi
il eût réfléchi
nous eussions réfléchi
vous eussiez réfléchi
ils eussent réfléchi

6) j'eusse conçu
tu eusses conçu

il eût conçu
nous eussions conçu
vous eussiez conçu
ils eussent conçu

7) j'eusse imprimé
tu eusses imprimé
il eût imprimé
nous eussions imprimé
vous eussiez imprimé
ils eussent imprimé

8) j'eusse publié
tu eusses publié
il eût publié
nous eussions publié
vous eussiez publié
ils eussent publié

9) j'eusse feuilleté
tu eusses feuilleté
il eût feuilleté
nous eussions feuilleté
vous eussiez feuilleté
ils eussent feuilleté

10) j'eusse marqué
tu eusses marqué
il eût marqué
nous eussions marqué
vous eussiez marqué
ils eussent marqué

Modal 4 : le subjonctif

Partie 1 : Le présent du subjonctif

Partie cours :

<u>Quelles sont les terminaisons du présent du subjonctif ?</u>

Pronoms	1 er groupe + aller		2 e groupe		3 e groupe	
que je/ j'	-e	mange	-isse	Finisse	-e	parte
que tu	-es	manges	-isses	finisses	-es	partes
qu'il/ qu'elle	-e	mange	-isse	Finisse	-e	parte
que nous	-ions	mangions	-issions	finissions	-ions	partions
que vous	-iez	mangiez	-issiez	finissiez	-iez	partiez
qu'ils/qu'elles	-ent	mangent	-issent	finissent	-ent	partent

Quand utiliser ce temps ?

Le subjonctif présent exprime une **action incertaine**, non réalisée au moment où nous nous exprimons.

Voici comment on conjugue les verbes être et avoir au subjonctif présent :

1) que je sois
que tu sois
qu'il soit
que nous soyons
que vous soyez
qu'ils soient

2) que j'aie
que tu aies
qu'il ait
que nous ayons
que vous ayez
qu'ils aient

Vous connaissez les règles du jeu, il faut connaître parfaitement ces 2 verbes, sinon vous ne pourrez pas maîtriser le subjonctif passé.

Partie exercice :

1) Quelles sont les terminaisons des verbes du 1er 2ème 3ème groupe au présent du subjonctif ?

2) Quand utilise-t-on ce temps ?

3) Conjuguez ces verbes :

a) être,
b) avoir,
c) écrire,
d) apprendre,
e) réfléchir,
f) concevoir,
g) imprimer,
h) publier,
i) feuilleter
j) marquer

Partie de correction :

1) que je sois
que tu sois
qu'il soit
que nous soyons
que vous soyez
qu'ils soient

2) que j'aie
que tu aies
qu'il ait
que nous ayons
que vous ayez
qu'ils aient

3) que j'écrive
que tu écrives
qu'il écrive
que nous écrivions
que vous écriviez q
qu'ils écrivent

4) que j'apprenne
que tu apprennes
qu'il apprenne
que nous apprenions
que vous appreniez
qu'ils apprennent

5) que je réfléchisse
que tu réfléchisses
qu'il réfléchisse
que nous réfléchissions
que vous réfléchissiez
qu'ils réfléchissent

6) que je conçoive
que tu conçoives

qu'il conçoive
que nous concevions
que vous conceviez
qu'ils conçoivent

7) que j'imprime
que tu imprimes
qu'il imprime
que nous imprimions
que vous imprimiez
qu'ils impriment

8) que je publie
que tu publies
qu'il publie
que nous publiions
que vous publiiez
qu'ils publient

9) que je feuillette
que tu feuillettes
qu'il feuillette
que nous feuilletions
que vous feuilletiez
qu'ils feuillettent

10) que je marque
que tu marques
qu'il marque
que nous marquions
que vous marquiez
qu'ils marquent

Partie 2 : le subjonctif passé

Partie cours :

Comme prévu, la conjugaison lorsqu'on la maîtrise, et je pense que vous la maitriser bien (du moins si vous apprenez au fur et à mesure du livre), devient prévisible et redondant,

Le subjonctif passé se présent sous l'équation :

Sub. Passé= auxiliaire au sub présent + participe passé.

Ceux qui n'ont toujours pas compris le participe passé je vous invite fortement à revoir cette notion. Le subjonctif passé sert à marquer l'antériorité de l'action.

Je vous donne un exemple avant de passer à la partie exercice :

Agir
que j'aie agi
que tu aies agi
qu'il ait agi
que nous ayons agi
que vous ayez agi
qu'ils aient agi

Partie exercice :

1) Comment se forme le subjonctif passé ?

2) Je ne vais pas vous donner une liste de 90 verbes, seulement 20 suffiront mais je vous demande de me les conjuguer à toutes les personnes.

a) être b) Avoir c) Pouvoir d) Faire e) Envoyer

f) Aller g) Prendre h) Devoir i) Voir j) Permettre

k) Vouloir m) Mettre n) Dire l) Savoir o) Partir

p) Appeler q) Venir r) Attendre s) Aimer et t) Joindre.

Partie de correction :

1) que j'aie été
que tu aies été
qu'il ait été
que nous ayons été
que vous ayez été
qu'ils aient été

2) que j'aie eu
que tu aies eu
qu'il ait eu
que nous ayons eu
que vous ayez eu
qu'ils aient eu

3) que j'aie pu
que tu aies pu
qu'il ait pu
que nous ayons pu
que vous ayez pu
qu'ils aient pu

4) que j'aie fait
que tu aies fait
qu'il ait fait
que nous ayons fait
que vous ayez fait
qu'ils aient fait

5) que j'aie envoyé
que tu aies envoyé
qu'il ait envoyé
que nous ayons envoyé
que vous ayez envoyé
qu'ils aient envoyé

6) que je sois allé
que tu sois allé

qu'il soit allé
que nous soyons allés
que vous soyez allés
qu'ils soient allés

7) que j'aie pris
que tu aies pris
qu'il ait pris
que nous ayons pris
que vous ayez pris
qu'ils aient pris

8) que j'aie dû
que tu aies dû
qu'il ait dû
que nous ayons dû
que vous ayez dû
qu'ils aient dû

9) que j'aie vu
que tu aies vu
qu'il ait vu
que nous ayons vu
que vous ayez vu
qu'ils aient vu

10) que j'aie permis
que tu aies permis
qu'il ait permis
que nous ayons permis
que vous ayez permis
qu'ils aient permis

11) que j'aie voulu
que tu aies voulu
qu'il ait voulu
que nous ayons voulu
que vous ayez voulu
qu'ils aient voulu

12) que j'aie mis
que tu aies mis
qu'il ait mis
que nous ayons mis
que vous ayez mis
qu'ils aient mis

13) que j'aie dit
que tu aies dit
qu'il ait dit
que nous ayons dit
que vous ayez dit
qu'ils aient dit

14) que j'aie su
que tu aies su
qu'il ait su
que nous ayons su
que vous ayez su
qu'ils aient su

15) que je sois parti
que tu sois parti
qu'il soit parti
que nous soyons partis
que vous soyez partis
qu'ils soient partis

16) que j'aie appelé
que tu aies appelé
qu'il ait appelé
que nous ayons appelé
que vous ayez appelé
qu'ils aient appelé

17) que je sois venu
que tu sois venu
qu'il soit venu
que nous soyons venus

que vous soyez venus
qu'ils soient venus

18) que j'aie attendu
que tu aies attendu
qu'il ait attendu
que nous ayons attendu
que vous ayez attendu
qu'ils aient attendu

19) que j'aie aimé
que tu aies aimé
qu'il ait aimé
que nous ayons aimé
que vous ayez aimé
qu'ils aient aimé

20) que j'aie joint
que tu aies joint
qu'il ait joint
que nous ayons joint
que vous ayez joint
qu'ils aient joint

Partie 3 : l'imparfait du subjonctif

Partie cours :

Quand emploie-t-on le subjonctif imparfait ?

Le subjonctif imparfait n'est plus employé à l'oral mais on l'entend encore dans les discours (textes préparés et écrits au préalable).

Même à l'écrit, il est le signe d'une langue particulièrement soignée, on emploie plutôt à sa place le subjonctif présent.

Voici les conjugaisons du subjonctif imparfait. Il faut partir de la conjugaison du passé simple :

Chanter –> il chanta	que je chantasse que tu chantasses qu'il chantât que nous chantassions que vous chantassiez qu'ils chantassent
Prendre –> il prit	que je prisse que tu prisses qu'il prît que nous prissions que vous prissiez qu'ils prissent

Tenir -> il **tint**	que je tinsse
	que tu tinsses
	qu'il tînt
	que nous tinssions
	que vous tinssiez
	qu'ils tinssent
Courir -> il cour**ut**	que je courusse
	que tu courusses
	qu'il courût
	que nous courussions
	que vous courussiez
	qu'ils courussent

Voici les verbes être et avoir conjugué à l'imparfait du subjonctif :

être
que je fusse
que tu fusses
qu'il fût
que nous fussions
que vous fussiez
qu'ils fussent

avoir

que j'eusse
que tu eusses
 qu'il eût
que nous eussions
que vous eussiez
qu'ils eussent

Voici les terminaisons d'un verbe du 1er groupe conjugué à l'imparfait du subjonctif :

-asse, -asses, -ât, -assions, -assiez, -assent comme chanter

-2ème groupe, isse, isses, ît, issions, issez, issent

3ème groupe,

il y a 3 modèles,

1er model : verbe en i (comme verbe du 2ème groupe

2ème model : verbes en in : insse, insses, înt, inssions, inssiez, inssent

3ème model : verbe en u : usse, usses, -ût -ussions -ussiez -ussent

Partie exercice :

1) Quelles sont les terminaisons des verbes du 1er 2ème et 3ème groupe à l'imparfait du subjonctif ?

2) Conjuguez ces verbes :

a) être b) Avoir c) Pouvoir d) Faire e) Envoyer

f) Aller g) Prendre h) Devoir i) Voir

j) Permettre k) Vouloir m) Mettre n) Dire l) Savoir

p) Partir q) Appeler r) Venir s) Attendre t) Aimer et… v) Joindre

Partie corrigée :

1) que je fusse
que tu fusses
qu'il fût
que nous fussions
que vous fussiez
qu'ils fussent

2) que j'eusse
que tu eusses
qu'il eût
que nous eussions
que vous eussiez
qu'ils eussent

3) que je pusse
que tu pusses
qu'il pût
que nous pussions
que vous pussiez
qu'ils pussent

4) que je fisse
que tu fisses
qu'il fît
que nous fissions
que vous fissiez
qu'ils fissent

5) que j'envoyasse
que tu envoyasses
qu'il envoyât
que nous envoyassions
que vous envoyassiez
qu'ils envoyassent

6) que j'allasse
que tu allasses

qu'il allât
que nous allassions
que vous allassiez
qu'ils allassent

7) que je prisse
que tu prisses
qu'il prît
que nous prissions
que vous prissiez
qu'ils prissent

8) que je dusse
que tu dusses
qu'il dût
que nous dussions
que vous dussiez
qu'ils dussent

9) que je visse
que tu visses
qu'il vît
que nous vissions
que vous vissiez
qu'ils vissent

10) que je permisse
que tu permisses
qu'il permît
que nous permissions
que vous permissiez
qu'ils permissent

11) que je voulusse
que tu voulusses
qu'il voulût
que nous voulussions
que vous voulussiez
qu'ils voulussent

12) que je misse
que tu misses
qu'il mît
que nous missions
que vous missiez
qu'ils missent

13) que je disse
que tu disses
qu'il dît
que nous dissions
que vous dissiez
qu'ils dissent

14) que je susse
que tu susses
qu'il sût
que nous sussions
que vous sussiez
qu'ils sussent

15) que je partisse
que tu partisses
qu'il partît
que nous partissions
que vous partissiez
qu'ils partissent

16) que j'appelasse
que tu appelasses
qu'il appelât
que nous appelassions
que vous appelassiez
qu'ils appelassent

17) que je vinsse
que tu vinsses
qu'il vînt
que nous vinssions

que vous vinssiez
qu'ils vinssent

18) que j'attendisse
que tu attendisses
qu'il attendît
que nous attendissions
que vous attendissiez
qu'ils attendissent

19) que j'aimasse
que tu aimasses
qu'il aimât
que nous aimassions
que vous aimassiez
qu'ils aimassent

20) que je joignisse
que tu joignisses
qu'il joignît
que nous joignissions
que vous joignissiez
qu'ils joignissent

Partie 4 : le plus-que-parfait du subjonctif

Partie cours

C'est un temps qui est rarement utilisé depuis le XXème siècle.

Comme toujours, un temps composé est formé d'un auxiliaire suivi d'un participe passé conjugué.

Il faut donc maîtriser l'imparfait du subjonctif des verbes être et avoir.

C'est comme le conditionnel passé deuxième forme, mais il faut « que » devant, cela nous donne avec comme exemple le verbe aller :

Que je fusse allé
que tu fusses allé
qu'il fût allé
que nous fussions allés
que vous fussiez allés
qu'ils fussent allés

Voici les verbes être et avoir conjugué à l'imparfait du subjonctif :

Être

Que je fusse
que tu fusses
qu'il fût
que nous fussions
que vous fussiez
qu'ils fussent

Avoir

Que j'eusse
que tu eusses
qu'il eût
que nous eussions

que vous eussiez
qu'ils eussent

Partie exercice :

1) Comment se forme le plus-que-parfait du subjonctif ?

2) Conjuguez les verbes être et avoir à l'imparfait du subjonctif. La correction est dans la partie cours.

3) Conjuguez ces 10 verbes au plus-que-parfait du subjonctif.

a) être
b) Avoir
c) Pouvoir
d) Faire
e) Envoyer
f) Aller
g) Prendre
h) Devoir
i) Voir
j) Permettre

Partie de correction :

1) que j'eusse été
que tu eusses été
qu'il eût été
que nous eussions été
que vous eussiez été
qu'ils eussent été

2) que j'eusse eu
que tu eusses eu
qu'il eût eu
que nous eussions eu
que vous eussiez eu
qu'ils eussent eu

3) que j'eusse pu
que tu eusses pu
qu'il eût pu
que nous eussions pu
que vous eussiez pu
qu'ils eussent pu

4) que j'eusse fait
que tu eusses fait
qu'il eût fait
que nous eussions fait
que vous eussiez fait
qu'ils eussent fait

5) que j'eusse envoyé
que tu eusses envoyé
qu'il eût envoyé
que nous eussions envoyé
que vous eussiez envoyé
qu'ils eussent envoyé

6) que je fusse allé
que tu fusses allé

qu'il fût allé
que nous fussions allés
que vous fussiez allés
qu'ils fussent allés

7) que j'eusse pris
que tu eusses pris
qu'il eût pris
que nous eussions pris
que vous eussiez pris
qu'ils eussent pris

8) que j'eusse dû
que tu eusses dû
qu'il eût dû
que nous eussions dû
que vous eussiez dû
qu'ils eussent dû

9) que j'eusse vu
que tu eusses vu
qu'il eût vu
que nous eussions vu
que vous eussiez vu
qu'ils eussent vu

10) que j'eusse permis
que tu eusses permis
qu'il eût permis
que nous eussions permis
que vous eussiez permis
qu'ils eussent permis

Révision :

Vous souvenez-vous de ce que j'ai dit en page 49 ?

Je vous ai dit que ces exemples nous serviront. Êtes-vous capable maintenant de savoir à quel temps sont conjugués ces verbes ?

1) N'avait pas donné
2) qu'avait fait
3) n'avait pas mis
4) elle fut bien étonnée
5) qu'elle eut lui fit

1) plus-que-parfait de l'indicatif
2) plus-que-parfait de l'indicatif
3) plus-que-parfait de l'indicatif
4) fit = passé simple eut = passé simple et non pas passé antérieur car « elle eut lui fait » si c'était au passé antérieur

Modal 5 : l'impératif

Partie 1 : l'impératif présent

Partie cours :

L'impératif est un mode utilisé pour donner un ordre ou un conseil à une ou plusieurs personne(s). L'impératif ne se conjugue qu'aux personnes suivantes : les 2es personnes du singulier et du pluriel (tu, vous) et la 1re personne du pluriel (nous).

Exemple :

Faire
Fais
faisons
faites

Comment conjuguer les verbes français à l'impératif ?

2 e personne du singulier (tu)

Pour former la 2e personne du singulier à l'impératif on utilise la 1 re personne du singulier à l'indicatif présent et on supprime le pronom personnel sujet.

La terminaison des verbes en -er est donc e, les autres verbes se terminent en s. (Pour les verbes irréguliers voir la liste dans la section « les temps »)

Exemples : parler – Parle finir – Finis vendre – Vends 1 re personne du pluriel (nous)

Cette forme est la même que celle de l'indicatif présent, seul le pronom personnel sujet disparaît. Les verbes en -er et en -re ainsi que les verbes irréguliers se terminent donc parlons, les verbes en - ir du deuxième groupe en issons.

Exemples : parler – Parlons finir – Finissons vendre – Vendons

2 e personne du pluriel (vous)

Cette forme est la même que celle de l'indicatif présent, seul le pronom personnel sujet disparaît. Les verbes en -er et en -re ainsi que les verbes irréguliers se terminent donc par ez, les verbes en -ir du deuxième groupe en issez.

Exemples :

Parler→ Parlez ! // finir→Finissez ! Vendre→Vendez !

L'impératif est aussi utilisé dans les formules de politesse.

Apprenez les verbes être et avoir à l'impératif présent car il vous servira pour former l'impératif passé qui a deux composantes : l'auxiliaire être ou avoir et le participe passé.

être
sois
soyons
soyez

avoir
aie
ayons
 ayez

Partie exercice

1) Quand utiliser l'impératif ?

2) Quelles sont ses terminaisons ?

3) Conjuguez ces 10 verbes à toutes les personnes à l'impératif présent :

a) être b) Avoir c) Pouvoir d) Faire e) Envoyer

f) Aller g) Prendre h) Devoir i) Voir j) Permettre

.

Partie de correction :

**1) sois
soyons
soyez**

**2) aie
ayons
ayez**

3) pas d'impératif avec ce verbe

**4) fais
faisons
faites**

**5) envoie
envoyons
envoyez**

**6) va
allons
allez**

**7) prends
prenons
prenez**

**8) dois
devons
devez**

**9) vois
voyons
voyez**

**10) permets
permettons
permettez**

Partie 2 : l'impératif passé

L'impératif passé est utilisé pour exprimer les mêmes choses que l'impératif présent. Mais, la réalisation de l'action à l'impératif passé devra être achevée avant une autre action qui n'a pas encore eu lieu.

L'impératif passé= auxiliaire être ou avoir au présent de l'impératif + le participe passé.

Etant donné que vous connaissez ces deux notions notamment le participe passé, l'impératif passé est facile à former pour vous. En revanche, vu qu'il est peu utilisé dans la langue française, la difficulté sera de savoir quand l'utiliser ou si préférez, comment l'utiliser à bon escient. Je vous donne un exemple :

Utiliser :

aie utilisé

ayons utilisé

ayez utilisé

Partie exercice :

1) Quand utiliser l'impératif passé ?

2) Comment se forme-t-il ?

3) Conjuguez ces 10 verbes à toutes les personnes à l'impératif passé :

a) être

b) Avoir

c) Pouvoir

d) Faire

e) Envoyer

f) Aller

g) Prendre

h) Devoir

i) Voir

j) Permettre

Partie de correction

**1) aie été
ayons été
ayez été**

**2) aie été
ayons été
ayez été**

3) pas d'utilisation de l'impératif

**4) aie fait
ayons fait
ayez fait**

**5) aie envoyé
ayons envoyé
ayez envoyé**

**6) sois allé
soyons allés
soyez allés**

**7) aie pris
ayons pris
ayez pris**

**8) aie dû
ayons dû
ayez dû**

**9) aie vu
ayons vu
ayez vu**

**10) aie permis
ayons permis
ayez permis**

Conclusion, livres à venir

Comme vous l'avez constaté, la conjugaison française est assez difficile, mais ce qui est bien c'est que tout est relié. Ainsi, si on sait conjuguer les auxiliaires être et avoir à un certain temps, on sait qu'il existe un temps où on devra utiliser cet auxiliaire et un participe passé, lequel on appelle un temps composé. Le problème de ce livre est qu'il est incomplet. En effet, on a abordé les différents temps et modes qu'il existe en français, cependant on n'a pas assez développé les valeurs de chaque temps. On l'a fait un petit peu en ce qui concerne l'imparfait de l'indicatif et le passé simple. Mais on n'a pas fait ça pour tous les temps. Ainsi, en octobre 2022, j'écrirai un livre sur la bonne utilisation des différents temps qui ont été abordé durant ce livre. Sachez que j'ai un serveur discord et une chaîne YouTube. Vous pouvez vous abonner à celle-ci et rejoindre celui-ci.

https://discord.com/channels/7051552 53615722528/705158193273241630

https://www.youtube.com/channel/UCudiAFS6x6dFsocGakxaMcA

Printed in France by Amazon
Brétigny-sur-Orge, FR

18432402R00077